普通高等院校"十三五"规划教材

创业综合管理 情景式训练系统

创业综合管理

陈宏 张锦喜 刘隽 编著

南京大学出版社

图书在版编目（CIP）数据

创业综合管理 / 陈宏, 张锦喜, 刘隽编著. —— 南京：南京大学出版社, 2018.8
ISBN 978-7-305-20622-1

Ⅰ. ①创… Ⅱ. ①陈… ②张… ③刘… Ⅲ. ①企业管理 Ⅳ. ①F272

中国版本图书馆CIP数据核字(2018)第172570号

普通高等院校"十三五"规划教材
创业综合管理　情景式训练系统

创业综合管理

陈宏　张锦喜　刘隽　编著

出 版 者　南京大学出版社
社　　址　南京市汉口路22号　　邮　编：210093
出 版 人　金鑫荣

书　　名　创业综合管理
编　　著　陈　宏　张锦喜　刘　隽
责任编辑　吴孟琦　蔡文彬
责任校对　尤　佳　　　　　　　编辑热线　025-83592123

照　　排　南京新华丰制版有限公司
印　　刷　南京凯德印刷有限公司
开　　本　889×1194　1/16　印张 7.5　字数 221千
版　　次　2018年8月第1版　2018年8月第1次印刷
ISBN　978-7-305-20622-1
定　　价　48.00元

网　　址　http://www.njupco.com
发行热线　025-83594756　83686452
电子邮箱　press@NjupCo.com
　　　　　sales@NjupCo.com（市场部）

* 版权所有，侵权必究
* 凡购买南大版图书，如有印装质量问题，请与所购图书销售部门联系调换

创业是火种，创业的大学生是火把，火种点燃火把是一个用心和技能传递的过程，这个过程需要创业导师来引导。自2013年岭南创业管理学院成立以来，有越来越多的创业导师参与了大学生创业综合管理与训练的相关过程，这些导师有：

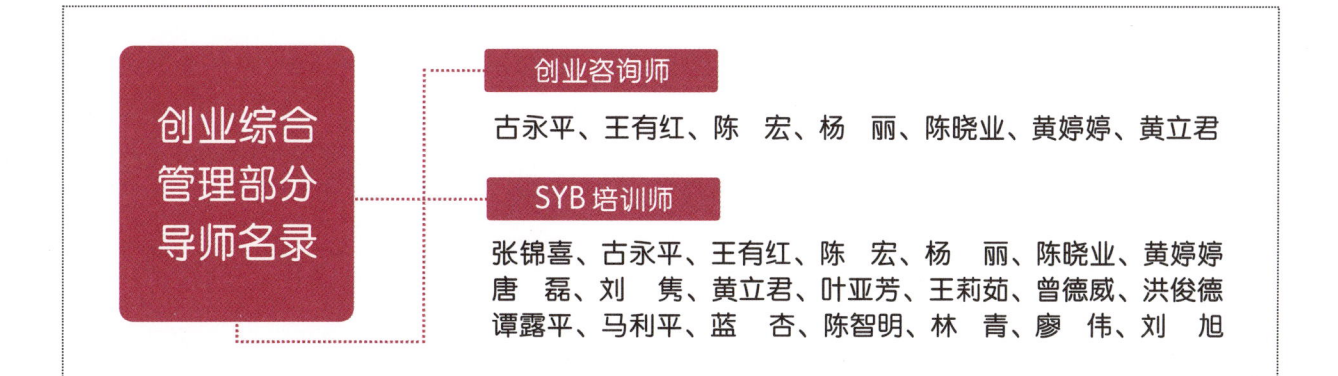

创业综合管理部分导师名录

创业咨询师
古永平、王有红、陈 宏、杨 丽、陈晓业、黄婷婷、黄立君

SYB培训师
张锦喜、古永平、王有红、陈 宏、杨 丽、陈晓业、黄婷婷
唐 磊、刘 隽、黄立君、叶亚芳、王莉茹、曾德威、洪俊德
谭露平、马利平、蓝 杏、陈智明、林 青、廖 伟、刘 旭

创业
种子在成长…… 序

  我有一位朋友，2015年进了广州一家刚创建不久的公司，两位老板加她一位总共三人。2018年5月我再见到这位朋友的时候，她还在那家公司，不过公司员工人数已经从3人变成了200多人，进入了C轮融资，估值15亿美元，阿里巴巴专门派人来洽谈。从2015年到2018年，这家业绩最初为零的公司，已成长为"独角兽"（通常把估值达到10亿美元的公司称为"独角兽"），而时间仅仅用了短短的3年，这意味着什么？这意味着一颗优质的创业种子，一旦找到了适合的土壤，在适合的季节里（时机）就能呈几何级倍增成长。

  《创业综合管理》分为三个模块：第一个模块是"创业种子管理"，第二个模块是"创业土壤管理"，第三个模块是"创业时机管理"，其实就是"人和""地利""天时"三者的融合。为什么把选种子的"人和"放在第一位？如果你期望的是参天大树，而你种下萝卜白菜的种子，无论你如何浇水施肥，无论你如何努力，都是长不出参天大树出来的。创业管理和训练正确的做法是：用一套行之有效的方法去识别优质的种子（特训营），把这些种子放到适合的土壤（孵化器）里去，在业态市场最适合的时候（天时和创新创业国策）迅速成长！

  《创业综合管理》是创业特训营的核心训练课程之一，集中训练有项目的创业团队或已进入孵化园的公司及团队。2013年11月岭南创业管理学院建第一期特训营的时候，汇合了实战经验很强的连锁教练团队和电商教练团队，针对性地训练了十几个种子团队，卓有成效。在短短的4年时间里，无论是老师项目还是当时的学生项目，70%以上都落地成活，有的实现了业绩的几何级增长。从2014年广东岭南职业技术学院创业管理学院创建孵化园开始，已经孵化和正在孵化的项目有：珍眼夫、肥圆圆、卖啊蜜、升谷、茁曦调研、摄氏度、七羽游戏、大数据、J&D、星骐动漫、食呈到、V旅游、微饰、陆拾杯、影特、云方、娇兰倩、微海联盟、美优电子、Less Stlye Studio、Galaga、Poni、星迹科技、海蝶振翅、火鸡、订尚等。

  即使是最优质的创业种子，其成长也不是一蹴而就的，而是一个历经沉寂、积累、成长到爆发的过程。这让我想到了竹子：开始的几年，只能长几厘米；但从第五年开始，竹子却能以每天30厘米的速度疯长，只用六周时间就长到了15米。开始的几年，竹子都是在地下努力，它的根系已达数公里远，因为有了强大的根系，才能让它在五年以后加速度成长，这就是著名的竹子定律。

  本书与我之前编撰的《实体经营》《创新思维与创业基础》《创业技能训练》《创新创业基础》《创业综合词典》同属创新创业特色教材丛书系列，既可供普通高校、职业院校开设创新创业课程作为教材或辅助训练工具使用，也可用于企业的相关内训；既可供团队训练使用，也可供个人学习和解决问题提供思路参考。

  本书每个模块均配有可视化思维导图树，便于学生和老师在对每个模块整体把握的基础上有的放矢地运用和演练。愿你的创新创业项目已经在路上，愿我们的创新创业种子不断在成长……

  感谢所有看到和使用这本书的人！

陈宏

2018年6月于广州

目 录 CONTENTS

创业金种子挑选与打磨路径图 【02】

创业综合管理（一）

创业综合管理（一）创业种子管理思维导图树 【03】
创业种子管理之1：如何识别创业种子？ 【04】
创业种子管理之2：如何发现产品痛点？ 【10】
创业种子管理之3：如何进行产品定位？ 【16】
创业种子管理之4：如何探索客户需求？ 【22】
创业种子管理之5：如何展开客户细分？ 【28】
创业种子管理之6：如何设计客户收益？ 【34】
创业种子管理之7：创业种子如何做路演？ 【40】

创业综合管理（二）

创业综合管理（二）创业土壤管理思维导图树 【47】
创业土壤管理之1：团队思维与团队管理 【48】
创业土壤管理之2：品牌战略与经营策略 【54】
创业土壤管理之3：流程、制度与文化 【60】
创业土壤管理之4：员工满意与客户满意 【66】
创业土壤管理之5：价值主张与诉求通道 【72】
创业土壤管理之6：如何整合资源？ 【78】

创业综合管理（三）

创业综合管理（三）创业时机管理思维导图树 【85】
创业时机管理之1：捕捉商机，把握创业趋势 【86】
创业时机管理之2：从别人那里寻找创业机会 【92】
创业时机管理之3：如何评估创业胜算？ 【98】
创业时机管理之4：把握人性的弱点 【104】
创业时机管理之5：风起云涌的市场 【110】

附记与致谢 【116】

创业金种子挑选与打磨路径图

定位就是在目标客户或目标用户心智中占据一个有利的位置，无论是目标客户或目标用户的痛点、痒点和兴奋点都是在准确定位的基础上，围绕产品（包括服务）而展开，这个过程涉及成本、竞争、传播、交易和收入。

创业金种子外部是金钱形，内部是九宫格局。九宫格中间是生存气孔，另外的八格分别是定位、客户或用户、产品、成本、竞争、传播、交易和收入，分别贯穿《创业综合管理》和《创业经营实战》两本教材的内容和训练全过程。

定位 → 客户/用户 → 产品 → 成本 → 竞争 → 传播 → 交易 → 收入

《创业综合管理（一）》思维导图树

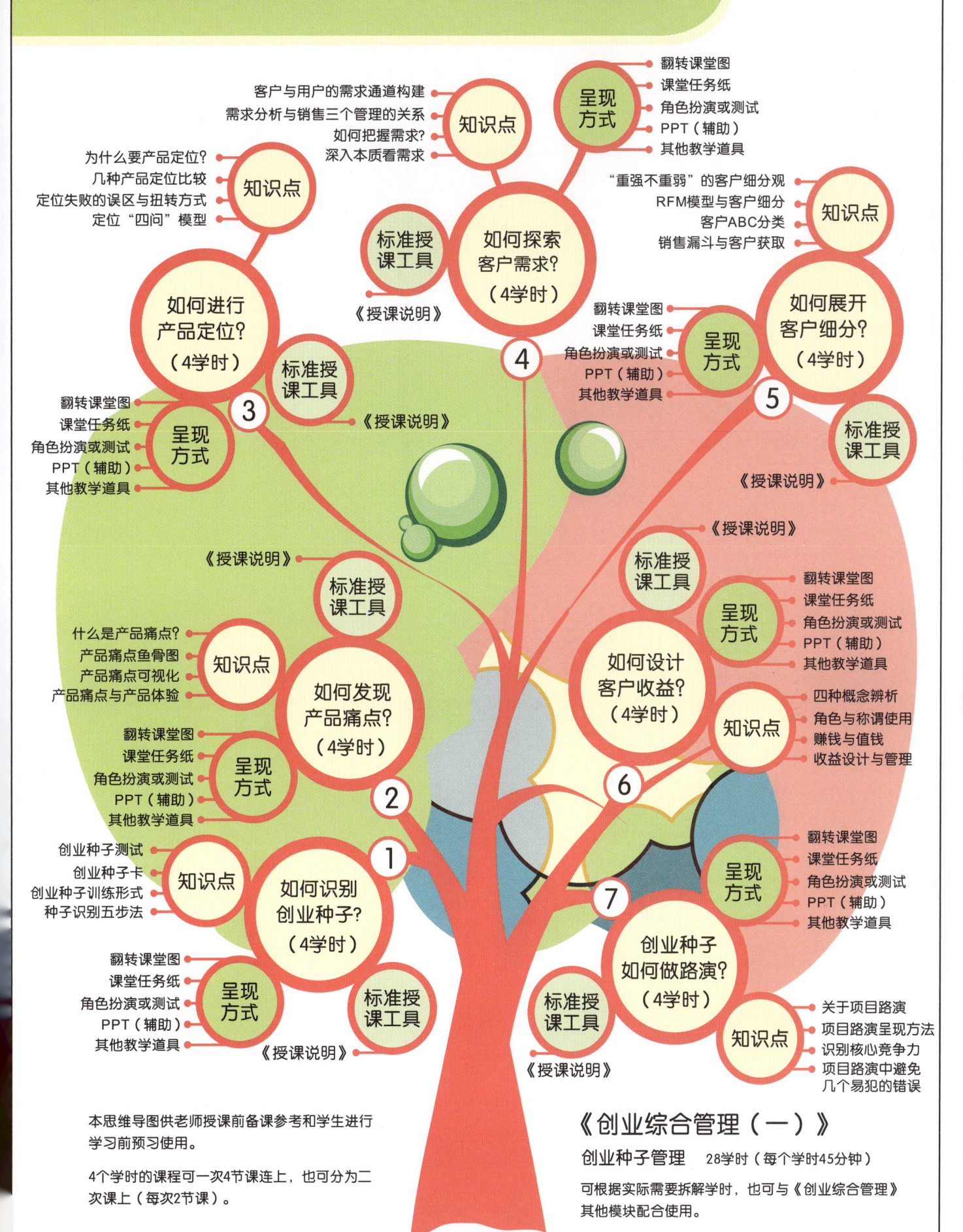

1. 如何识别创业种子？（4学时）

- **知识点**
  - 创业种子测试
  - 创业种子卡
  - 创业种子训练形式
  - 种子识别五步法
- **呈现方式**
  - 翻转课堂图
  - 课堂任务纸
  - 角色扮演或测试
  - PPT（辅助）
  - 其他教学道具
- 标准授课工具
- 《授课说明》

2. 如何发现产品痛点？（4学时）

- **知识点**
  - 什么是产品痛点？
  - 产品痛点鱼骨图
  - 产品痛点可视化
  - 产品痛点与产品体验
- **呈现方式**
  - 翻转课堂图
  - 课堂任务纸
  - 角色扮演或测试
  - PPT（辅助）
  - 其他教学道具
- 标准授课工具
- 《授课说明》

3. 如何进行产品定位？（4学时）

- **知识点**
  - 为什么要产品定位？
  - 几种产品定位比较
  - 定位失败的误区与扭转方式
  - 定位"四问"模型
- **呈现方式**
  - 翻转课堂图
  - 课堂任务纸
  - 角色扮演或测试
  - PPT（辅助）
  - 其他教学道具
- 标准授课工具
- 《授课说明》

4. 如何探索客户需求？（4学时）

- **知识点**
  - 客户与用户的需求通道构建
  - 需求分析与销售三个管理的关系
  - 如何把握需求？
  - 深入本质看需求
- **呈现方式**
  - 翻转课堂图
  - 课堂任务纸
  - 角色扮演或测试
  - PPT（辅助）
  - 其他教学道具
- 标准授课工具
- 《授课说明》

5. 如何展开客户细分？（4学时）

- **知识点**
  - "重强不重弱"的客户细分观
  - RFM模型与客户细分
  - 客户ABC分类
  - 销售漏斗与客户获取
- **呈现方式**
  - 翻转课堂图
  - 课堂任务纸
  - 角色扮演或测试
  - PPT（辅助）
  - 其他教学道具
- 标准授课工具
- 《授课说明》

6. 如何设计客户收益？（4学时）

- **知识点**
  - 四种概念辨析
  - 角色与称谓使用
  - 赚钱与值钱
  - 收益设计与管理
- **呈现方式**
  - 翻转课堂图
  - 课堂任务纸
  - 角色扮演或测试
  - PPT（辅助）
  - 其他教学道具
- 标准授课工具
- 《授课说明》

7. 创业种子如何做路演？（4学时）

- **知识点**
  - 关于项目路演
  - 项目路演呈现方法
  - 识别核心竞争力
  - 项目路演中避免几个易犯的错误
- **呈现方式**
  - 翻转课堂图
  - 课堂任务纸
  - 角色扮演或测试
  - PPT（辅助）
  - 其他教学道具
- 标准授课工具
- 《授课说明》

本思维导图供老师授课前备课参考和学生进行学习前预习使用。

4个学时的课程可一次4节课连上，也可分为二次课上（每次2节课）。

《创业综合管理（一）》

创业种子管理　　28学时（每个学时45分钟）

可根据实际需要拆解学时，也可与《创业综合管理》其他模块配合使用。

创业综合管理（一）
创业种子管理 之 **1**

如何识别创业种子？

创业综合管理（一）创业种子管理之 1

如何识别创业种子？

·情景式翻转课堂图·

A 你认为创业是什么？

- A1 创业是一种方法
- A2 创业如同西天取经 
- A3 创业是一种人生 
- A4 创业就是想过更好的生活 
- A5 创业就像榨果汁
- A6 创业就是尝试梦想……

B 识别力测试

B1 B2 B3 B4 B5 B6

C 创业种子先天条件测试

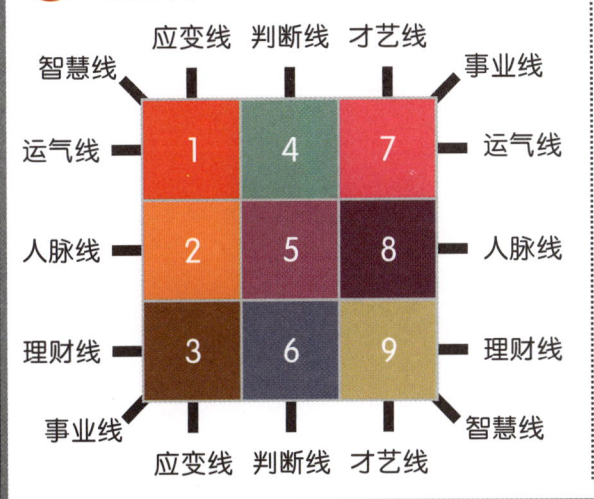

	应变线	判断线	才艺线	
智慧线				事业线
运气线	1	4	7	运气线
人脉线	2	5	8	人脉线
理财线	3	6	9	理财线
事业线				智慧线
	应变线	判断线	才艺线	

雪中送炭的数字：5 1 3 7 9

锦上添花的数字：2 4 6 8

D 创业种子需求测试

D1 D2 D3 D4 D5 D6 D7 D8

财富（需求：金钱）；健康（需求：安全）；享受（需求：自由）；工作（需求：机会）；权力（需求：位置）；创新（需求：殊情）；情感（需求：恩德）；尊重（需求：荣誉）

得分超过5分以上的为需关注和重点满足的需求热点。营销人员148或147或158；生产管理人员146或156或456或458；高层管理人员145或158或457或458；技术人员146或468或678；职能高级管理人员145或157或147或148；营销管理人员/营销高管578

E 创业种子性格自评

F 创业种子五步识别法

- F1 我是谁？
- F2 我有哪些特长？ 
- F3 我热爱做什么？ 
- F4 我的项目要解决什么问题？ 
- F5 项目有什么创新之处？ 

G 创业种子卡

H 四巧板里有乾坤

用剪刀将右边的四巧板沿着四种色块的边沿剪开，贴到《创业如何识别种子》任务纸A的T型图里。

5

任务可团队分工完成，也可个人独立完成；可直接写在任务纸上，也可在自行准备的练习本上完成（注明任务名称）。

《如何识别创业种子？》翻转课堂情景图任务 A

时间TIME：
年 月 日

2学时

个人姓名：　　　　　　团队名称：　　　　　　任务名称：

实到团队成员：

迟到团队成员：

旷课团队成员：　　　　　　　　　　请假团队成员：

情景图任务的参考答案线索和思路都隐含在情景图和任务纸中，请灵活掌握。线索和思路不是标准答案，仅起到参考和抛砖引玉的作用。《授课说明》和课件 PPT 非学习必备配套，没有亦不影响使用。

你认为创业是什么？

参照《如何识别创业种子？》情景图A中的A1-A6，完成以下任务：

1、在A1-A6当中，你赞同的观点有哪些？请举例阐述理由。（翻转课堂）

3、在A1-A6当中，你不赞同的观点有哪些？请举例阐述理由。

2、在你赞同的观点中，你认为格局最大的是哪一个？请举例阐述理由。

4、想象一下10年之后的自己，并画出自画像。

四巧板组成的T型图里有乾坤

参照《如何识别创业种子？》情景图H，完成以下任务：

1、将剪下的四巧板贴到右边的T型图里去，组成一个T型，并分享心得。（翻转课堂）

2、T型人才有什么特点？你的团队里有T型人才吗？如何使用？（翻转课堂）

创业种子识别力测试

种子名称 _____　　种子名称 _____　　种子名称 _____

种子名称 _____　　种子名称 _____　　种子名称 _____

1、选择种子的名称填到以上空格当中去：萝卜种子、松树种子、咖啡种子、绿豆种子、菠萝蜜种子、蓖麻种子。识别准确率：_____％

2、以上种子长成之后各有什么用途？如果让你来选择，你愿意做什么样的种子？请举例阐述理由。（翻转课堂）

创业种子先天条件测试

操作说明：
（1）将你的阳历的出生年月日的单个数字分别画圈套入九宫格中，查看不同的连线含义。
（2）自身不能连成线的，靠别人的数字可弥补，更需要找适合的人合作。手机号码、车牌号码等也能在一定程度上弥补不足。

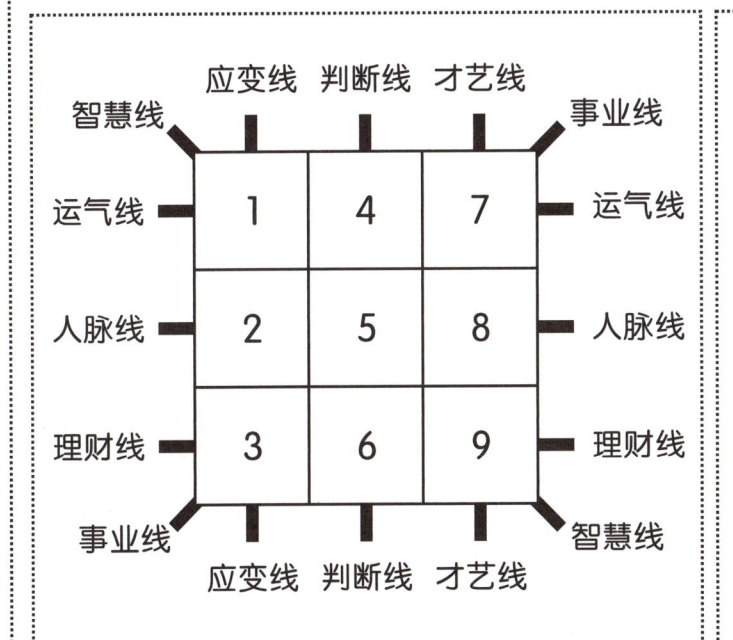

	应变线	判断线	才艺线	
智慧线				事业线
运气线	1	4	7	运气线
人脉线	2	5	8	人脉线
理财线	3	6	9	理财线
事业线	应变线	判断线	才艺线	智慧线

参照《如何识别创业种子？》情景图C，完成以下任务：

1、通过创业种子先天条件测试，请给自己一个综合评价。（翻转课堂）

2、你可以从哪些途径去弥补自己先天条件的不足。（翻转课堂）

学习心得

根据任务的难度和完成的质量、数量、创新性、相关性、匹配程度等，给予具体评分：90-99、80-89、70-79、60-69、50-59、40-49、30-39、0-29。未做任务者计0分。

《如何识别创业种子？》翻转课堂情景图任务 B

时间TIME：年 月 日　2学时

任务可团队分工完成，也可个人独立完成；可直接写在任务纸上，也可在自行准备的练习本上完成（注明任务名称）。

个人姓名：　　　　　团队名称：　　　　　任务名称：

实到团队成员：

迟到团队成员：

旷课团队成员：　　　　　请假团队成员：

情景图任务的参考答案线索和思路都隐含在情景图和任务纸中，请灵活掌握。线索和思路不是标准答案，仅起到参考和抛砖引玉的作用。《授课说明》和课件PPT非学习必备配套，没有亦不影响使用。

创业种子需求测试

参照《如何识别创业种子？》情景图D中的D1-D8，完成以下任务：

项目一：在以下每小题适合的框框中打"√"
- （01）我满脑子创业想法并有所行动。　A 完全吻合　B 部分吻合　C 完全不吻合
- （02）我比较会理财让钱生钱。　A 完全吻合　B 部分吻合　C 完全不吻合
- （03）我比其他的朋友或同学收入相对较高。　A 完全吻合　B 部分吻合　C 完全不吻合
- （04）我对未来的事情发展分析非常准。　A 完全吻合　B 部分吻合　C 完全不吻合

项目二：在以下每小题适合的框框中打"√"
- （05）我吃饭非常在意营养，并且从不多吃。　A 完全吻合　B 部分吻合　C 完全不吻合
- （06）我一天睡眠时间不少于7小时。　A 完全吻合　B 部分吻合　C 完全不吻合
- （07）我每周都运动不少于2小时。　A 完全吻合　B 部分吻合　C 完全不吻合
- （08）我可以为了身体的原因停下工作。　A 完全吻合　B 部分吻合　C 完全不吻合

项目三：在以下每小题适合的框框中打"√"
- （09）我没有手机简直没法生活。　A 完全吻合　B 部分吻合　C 完全不吻合
- （10）我用过很多时尚品牌。　A 完全吻合　B 部分吻合　C 完全不吻合
- （11）我经常参加娱乐活动。　A 完全吻合　B 部分吻合　C 完全不吻合
- （12）我对度假和玩有兴趣。　A 完全吻合　B 部分吻合　C 完全不吻合

项目四：在以下每小题适合的框框中打"√"
- （13）我想要更多的压力，只要事业更好。　A 完全吻合　B 部分吻合　C 完全不吻合
- （14）我想一生都不准备停下工作。　A 完全吻合　B 部分吻合　C 完全不吻合
- （15）我常常为公司发展写出报告或文字。　A 完全吻合　B 部分吻合　C 完全不吻合
- （16）我经常谈出我对公司发展的看法。　A 完全吻合　B 部分吻合　C 完全不吻合

项目五：在以下每小题适合的框框中打"√"
- （17）我与别人谈话的目的是为了影响和控制别人。　A 完全吻合　B 部分吻合　C 完全不吻合
- （18）我能控制混乱的局面。　A 完全吻合　B 部分吻合　C 完全不吻合
- （19）我想做管官的官，让下级因此得到快乐。　A 完全吻合　B 部分吻合　C 完全不吻合
- （20）我能处理好下级分配问题，让他们没有怨言。　A 完全吻合　B 部分吻合　C 完全不吻合

项目六：在以下每小题适合的框框中打"√"
- （21）我有特殊的创意并尝试有效果。　A 完全吻合　B 部分吻合　C 完全不吻合
- （22）我有专利或专利级的产品或技术。　A 完全吻合　B 部分吻合　C 完全不吻合
- （23）我学习力强，并且精通于某个东西。　A 完全吻合　B 部分吻合　C 完全不吻合
- （24）我爱看科普类文章和栏目。　A 完全吻合　B 部分吻合　C 完全不吻合

项目七：在以下每小题适合的框框中打"√"
- （25）我认为家是第一位的。　A 完全吻合　B 部分吻合　C 完全不吻合
- （26）我为了爱人失去了很多。　A 完全吻合　B 部分吻合　C 完全不吻合
- （27）我会为了感情放弃工作或生活的城市。　A 完全吻合　B 部分吻合　C 完全不吻合
- （28）对我来说，爱情的激励作用非常大。　A 完全吻合　B 部分吻合　C 完全不吻合

项目八：在以下每小题适合的框框中打"√"
- （29）我认为我的身后有追随者。　A 完全吻合　B 部分吻合　C 完全不吻合
- （30）我认为我比较有品位且从不说脏话。　A 完全吻合　B 部分吻合　C 完全不吻合
- （31）荣誉是我的一切，我为了得到荣誉而兴奋。　A 完全吻合　B 部分吻合　C 完全不吻合
- （32）我出席各种名流活动。　A 完全吻合　B 部分吻合　C 完全不吻合

以上32题，选A得2分；选B得1分，选C为0分。

计算分数

第一项（01-04 题）财富（对应金钱）得分小计 =
第二项（05-08 题）健康（对应安全）得分小计 =
第三项（09-12 题）享受（对应自由）得分小计 =
第四项（13-16 题）工作（对应机会）得分小计 =
第五项（17-20 题）权力（对应位置）得分小计 =
第六项（21-24 题）创新（对应殊情）得分小计 =
第七项（25-28 题）情感（对应恩德）得分小计 =
第八项（29-32 题）尊重（对应荣誉）得分小计 =

A = 第一项 + 第四项 + 第五项 + 第八项 =
B = 第二项 + 第三项 + 第六项 + 第七项 =
C = A+B =
D = A−B =
E = B−A =

要点说明

1、得到超过5分以上的为需关注和重点满足的需求。

2、C＜17分为全防守型，没有进攻性。

3、17分＜C＜32分
　为消极面思考型，即先想坏的，再想好的。

4、32分＜C＜45分
　为乐观面思考型，即凡事习惯先往好的方面想。

5、C＞45分
　为全进攻型，只有进攻，没有防守。

6、A−B≥2
　体察能力偏好，能感受到别人在想什么，分数越大这方面能力越强。

7、B−A≥2
　自我思考面，以自己思路和原则为主，不易受别人干扰。

岗位自我评估

参照《如何识别创业种子？》情景图D的相关文字，评估一下自己适合什么岗位？

创业种子性格自评
参照《如何识别创业种子?》情景图 E，完成以下任务：

最开心的事		最喜欢的事	
最希望做的事		面对压力可能会	
最不能忍受的事		最希望别人	
最大的动力		最害怕的事	
最需要的外援			

创业种子五步识别法
参照《如何识别创业种子?》情景图 F 中的 F1-F5，完成以下任务：

第一步：我是谁？

第二步：我有哪些特长？

第三步：我热爱做什么？

第四步：我的项目要解决什么问题？

第五步：我的项目有什么创新之处？

创业种子卡

项目名称：_____ 团队名称：_____
个人姓名：_____ 负责岗位：_____

项目构成元素（产品、成本、渠道、推广等）基本描述：

项目成熟度基本描述（处于哪个阶段？瓶颈在哪里？如何突破？）：

举例阐述：你的项目是黑天鹅吗？

举例阐述：你是喜欢你的创业项目还是热爱你的创业项目？

学习心得

根据任务的难度和完成的质量、数量、创新性、相关性、匹配程度等，给予具体评分： 90-99、80-89、70-79、60-69、50-59、40-49、30-39、0-29。未做任务者计 0 分。

创业综合管理（一）
创业种子管理 之 2

如何发现产品痛点？

创业综合管理（一）创业种子管理之 2

如何发现产品痛点？

情景式翻转课堂图

如何抓住痛点做产品？

A 痛点、痒点、兴奋点

A1 痛点 客户/用户正在困惑的问题或急需解决的问题

强 — 中 — 弱

A2 痒点 虽然不是客户/用户急需解决的问题，但如果能够解决，就像挠痒痒：抓到痒点上也会很舒服。

A3 兴奋点 能给客户/用户带来"哇，太棒了！"的惊喜效果和刺激感。

B 客户与用户

B1 客户 — 客户的核心思维：能赚钱、少劳心、产品好、蛮贴心

无论是客户还是用户，最后都要能转化为利益／好处

能给我带来多少快乐？减少多少痛苦？减少多少麻烦？提高多少效率？提升多少利润？提高多少业绩？

B2 用户 — 用户的核心思维：想要、好玩、好用、放心

商业模式首先基于用户思维，他的存在价值在于发掘用户需求，通过一系列商业环节的设计服务好客户（站在用户的身后）的同时，最终获取利润。有些企业的核心竞争力就在于有一个与众不同的商业模式。而盈利模式往往基于产品思维，它只是企业商业模式的一个环节，它的存在价值是为了保障商业模式的顺利实现，是商业模式架构中的重要一环。

C 头脑风暴

头脑风暴法（BrainStorming—BS）是一种通过集思广益、发挥团体智慧，从各种不同角度找出问题所有原因或构成要素的会议方法。

BS有四大原则：严禁批评、自由奔放、多多益善、搭便车。

D 三种类型鱼骨图

鱼骨图是日本管理大师石川馨先生所提出的一种把握结果（特性）与原因（影响特性的要因）的方便而有效的方法，故名"石川图"。

整理问题型：鱼头在正中，各要素与特性值之间不存在原因关系，而是结构关系和体系构成关系。

对策型：鱼头在左，特性值通常以"如何提高……如何改善……"来写。

原因型：鱼头在右，特性值通常以"为什么……"来写。

E 从人性的需求去设计产品（找产品痛点和做可视化呈现）

- E1 表达自我
- E2 支配他人 
- E3 满足好奇心 
- E4 性满足 
- E5 逃避麻烦与恐惧  
- E6 报答与报复 
- E7 身体与精神需求
- E8 财富自由 
- E9 承认努力和确认价值 
- E10 受人尊敬 
- E11 社会和团体认可 
- E12 赢的欲望 做到最好 
- E13 完成事情的成就感 
- E14 冒险和新体验 
- E15 渴求理解和支持 
- E16 被人赞美 
- E17 一切形式的爱 
- E18 情感的安全保障 
- E19 与众不同的独特感 
- E20 贡献 
- E21 确定和掌控感

《如何发现产品痛点？》
翻转课堂情景图任务 A

时间TIME：
年 月 日
2学时

任务可团队分工完成，也可个人独立完成；可直接写在任务纸上，也可在自行准备的练习本上完成（注明任务名称）。

个人姓名：　　　　　　团队名称：　　　　　　任务名称：

实到团队成员：

迟到团队成员：

旷课团队成员：　　　　　　请假团队成员：

情景图任务的参考答案线索和思路都隐含在情景图和任务纸中，请灵活掌握。线索和思路不是标准答案，仅起到参考和抛砖引玉的作用。《授课说明》和课件PPT非学习必备配套，没有亦不影响使用。

痛点、痒点与兴奋点

参照《如何发现产品痛点？》情景图A中的A1-A3，完成以下任务：

1、什么是产品痛点？举例阐述：你的项目产品痛点是什么？（翻转课堂）

2、什么是产品兴奋点？举例阐述：你的项目产品兴奋点是什么？（翻转课堂）

3、什么是产品痒点？参照以下酒类的痛点与机会点分析模型，写出你所在项目产品的痛点与机会点并连上对应的线条。（翻转课堂）

痛点
- 行业变局，产品难卖
- 成本高企，利润下滑
- 眼花缭乱，新品难选
- 堆积如山，库存难消
- 政策高压，团购不动
- 不会销售，对象难寻
- 前路茫茫，方向不清
- 厂大欺商，信任难建
- 电商搅局，实体闭店
- 行业变局，人心惶惶

机会点
- 高端产品下滑，渠道商崛起
- 经销商联盟，报团取暖
- 新型渠道兴起
- 伪团购退出，民间团购兴起
- 经销商弯道超车机会来了
- 多品牌、多品类更具优势
- 大众产品的机遇
- 抓住超级品牌的机遇
- 县乡市场引爆全渠道
- 成就土豪机遇
- 厂家态度缓和，经销商机会更多
- 线下渠道稳固，区域电商有优势

项目产品名称
痛点　　　机会点

客户与用户

参照《如何发现产品痛点?》情景图B中的B1、B2，完成以下任务：

1、什么是客户？举例阐述：你的客户的核心思维是什么？（翻转课堂）

2、什么是用户？举例阐述：你的用户的核心思维是什么？（翻转课堂）

客户的核心思维

用户的核心思维

3、举例阐述：你对以下这段话是如何理解的？

"商业模式首先基于用户思维，他的存在价值在于发掘用户需求，通过一系列商业环节的设计服务好客户（站在用户的身后）的同时，最终获取利润。有些企业的核心竞争力就在于有一个与众不同的商业模式。而盈利模式往往基于产品思维，它只是企业商业模式的一个环节，它的存在价值是为了保障商业模式的顺利实现，是商业模式架构中的重要一环。"（翻转课堂）

4、举例阐述：你对以下这段话是如何理解的？

"无论是客户还是用户，最后都要能转化为利益或好处。什么是利益？什么是好处？就是能给我带来多少快乐？减少多少痛苦？减少多少麻烦？提高多少效率？提升多少利润？提高多少业绩？"（翻转课堂）

学习心得

根据任务的难度和完成的质量、数量、创新性、相关性、匹配程度等，给予具体评分： 90-99、80-89、70-79、60-69、50-59、40-49、30-39、0-29。未做任务者计0分。

《如何发现产品痛点?》
翻转课堂情景图任务 B

时间TIME:
年 月 日
2学时

任务可团队分工完成，也可个人独立完成；可直接写在任务纸上，也可在自行准备的练习本上完成（注明任务名称）。

个人姓名： 团队名称： 任务名称：
实到团队成员：
迟到团队成员：
旷课团队成员： 请假团队成员：

情景图任务的参考答案线索和思路都隐含在情景图和任务纸中，请灵活掌握。线索和思路不是标准答案，仅起到参考和抛砖引玉的作用。《授课说明》和课件PPT非学习必备配套，没有亦不影响使用。

头脑风暴法

参照《如何发现产品痛点?》情景图C，根据实际案例或项目，通过头脑风暴法将以下空格填写完整：

产品类型：① ② ③ ④ ⑤ ⑥ ⑦ ⑧ ⑨

所处行业描述

资源机会

产品痛点：① ② ③ ④ ⑤ ⑥ ⑦ ⑧ ⑨

生产方式：① ② ③ ④ ⑤ ⑥ ⑦ ⑧ ⑨

销售方式：① ② ③ ④ ⑤ ⑥ ⑦ ⑧ ⑨

鱼骨图分析项目

问题的特性总是受到一些因素的影响，我们通过头脑风暴法找出这些因素，并将它们与特性值一起，按相互关联性整理而成的层次分明、条理清楚，并标出重要因素的图形就叫"特性要因图"、"因果图"。

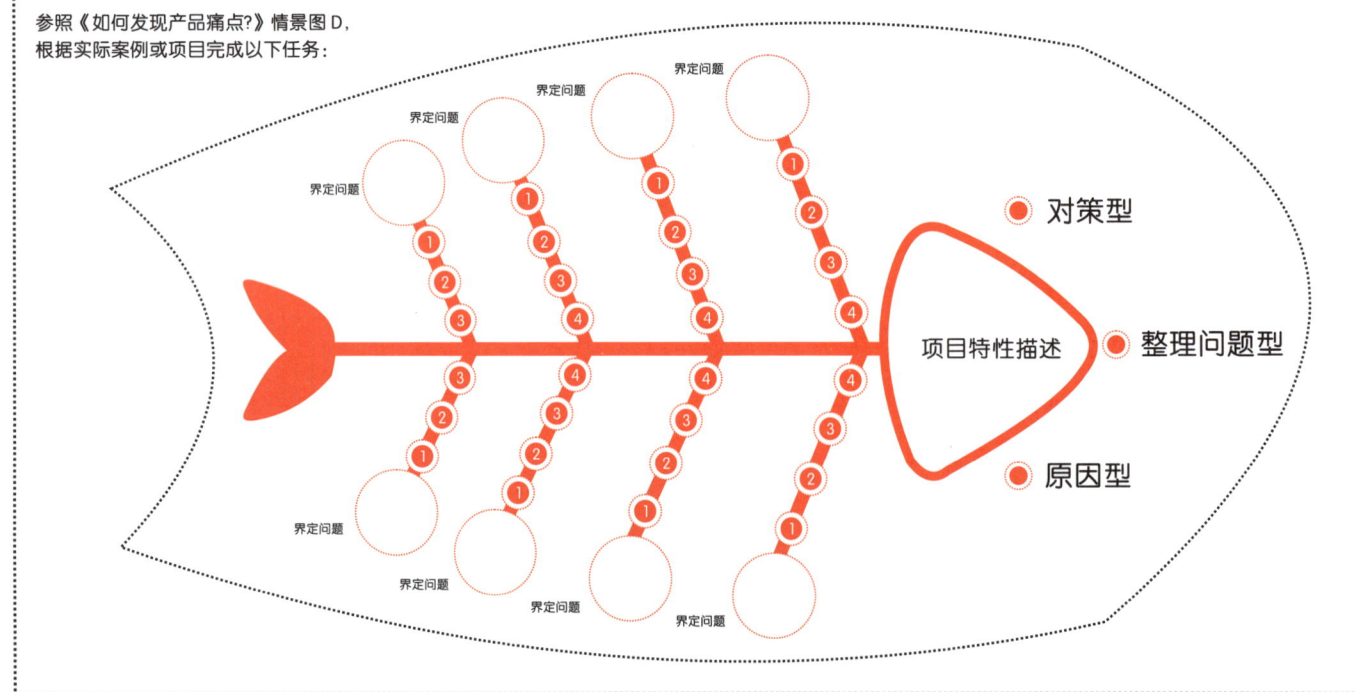

参照《如何发现产品痛点?》情景图D，根据实际案例或项目完成以下任务：

界定问题

● 对策型
● 整理问题型
● 原因型

项目特性描述

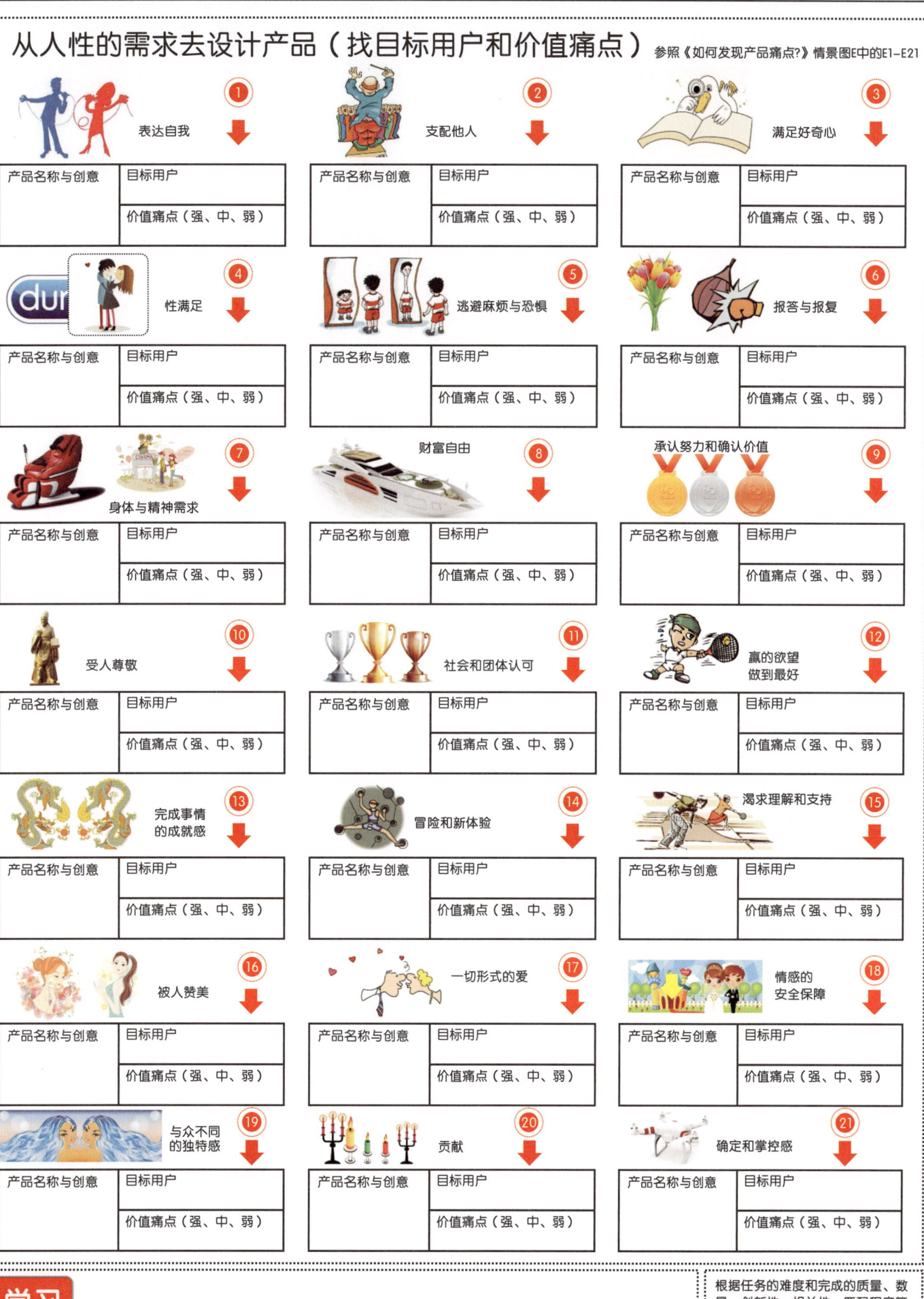

从人性的需求去设计产品（找目标用户和价值痛点）

参照《如何发现产品痛点？》情景图E中的E1-E21

① 表达自我
产品名称与创意	目标用户
	价值痛点（强、中、弱）

② 支配他人
产品名称与创意	目标用户
	价值痛点（强、中、弱）

③ 满足好奇心
产品名称与创意	目标用户
	价值痛点（强、中、弱）

④ 性满足
产品名称与创意	目标用户
	价值痛点（强、中、弱）

⑤ 逃避麻烦与恐惧
产品名称与创意	目标用户
	价值痛点（强、中、弱）

⑥ 报答与报复
产品名称与创意	目标用户
	价值痛点（强、中、弱）

⑦ 身体与精神需求
产品名称与创意	目标用户
	价值痛点（强、中、弱）

⑧ 财富自由
产品名称与创意	目标用户
	价值痛点（强、中、弱）

⑨ 承认努力和确认价值
产品名称与创意	目标用户
	价值痛点（强、中、弱）

⑩ 受人尊敬
产品名称与创意	目标用户
	价值痛点（强、中、弱）

⑪ 社会和团体认可
产品名称与创意	目标用户
	价值痛点（强、中、弱）

⑫ 赢的欲望 做到最好
产品名称与创意	目标用户
	价值痛点（强、中、弱）

⑬ 完成事情的成就感
产品名称与创意	目标用户
	价值痛点（强、中、弱）

⑭ 冒险和新体验
产品名称与创意	目标用户
	价值痛点（强、中、弱）

⑮ 渴求理解和支持
产品名称与创意	目标用户
	价值痛点（强、中、弱）

⑯ 被人赞美
产品名称与创意	目标用户
	价值痛点（强、中、弱）

⑰ 一切形式的爱
产品名称与创意	目标用户
	价值痛点（强、中、弱）

⑱ 情感的安全保障
产品名称与创意	目标用户
	价值痛点（强、中、弱）

⑲ 与众不同的独特感
产品名称与创意	目标用户
	价值痛点（强、中、弱）

⑳ 贡献
产品名称与创意	目标用户
	价值痛点（强、中、弱）

㉑ 确定和掌控感
产品名称与创意	目标用户
	价值痛点（强、中、弱）

学习心得

根据任务的难度和完成的质量、数量、创新性、相关性、匹配程度等，给予具体评分： 90-99、80-89、70-79、60-69、50-59、40-49、30-39、0-29。未做任务者计0分。

创业综合管理（一）
创业种子管理 之 3

如何进行产品定位？

创业综合管理（一）创业种子管理之 3

如何进行种子管理？

情景式翻转课堂图

A 为什么要产品定位？
- A1
- A2 满足所有客户/用户的需求是不可能的
- A3 你的产品为谁存在？
- A4 要懂得放弃：有所为，有所不为

一个企业一个产品不可能为所有人提供价值

B 定位的本质
定位的本质不是你在工商局完成注册，而是你在客户/用户的心目中完成注册。抢占客户/用户的心智资源，你在他们的心目中占了一个怎样的位置？

C 定位是对客户/用户/顾客/消费者偏好的争抢

C1 属性偏好的定位类型
- 品质定位
- 功效定位
- 档次定位
- 消费者群体定位
- 价格定位
- 性价比定位

区别在哪里？

C2 态度偏好的定位类型
- 感性、情绪、文化、情感、依赖、观念、态度

短期定位：可以有多个面进行替换

长期定位：长期的态度偏好定位常常只有一个，而且一旦确定就很少更改。

海尔　真诚到永远

产品的一种属性定位，可以影响顾客对产品的情绪情感，并通过企业对产品感性的长期定位，提炼出独特的品牌，如IBM：四海一家的解决之道。

属性偏好 + 态度偏好

D 经典的定位理论和组合

D1 抢占消费者心智思维的定位模式
- 占（空）位
- 抢（梯）位

此定位模式适合"轻决策"产品

"心智定位模式"适合有限改进型产品，如可乐、纯净水等以品牌、情感所驱动产品，不大适合手机等无限改进型产品。

消费频次高甚至超高频次，消费者不用费劲思考如何决策，花几分钟即可决策，即使决策错了，损失也不会很大。代表行业如打车、低端餐饮、饮料、洗发水、水果等。

D2 市场定位模式　市场定位 = 市场细分 + 差异化

无论是差异化还是市场细分，其落脚点是消费者的需求。

差异化与市场细分的本质区别是：强需求与弱需求。

- 能否给消费者带来更高价值？
- 能否比竞争对手更具优势？

E 几种产品的定位比较
- E1 
- E2 如家酒店连锁
- E3
- E4 《北大商业评论》 儒商和商儒必读
- E5 《中国企业家》给老板看的，讲的是经营问题。
- E6 《经理人》给职业经理人看的讲的是管理问题 
- E7 《商界》给商务人士看的，里面有很多故事。

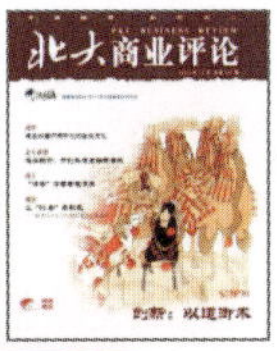

F 定位失败的误区与扭转方式

定位失败的误区
- 以自身视角定义市场
- 以个人喜好判断用户
- 缺乏清晰的产品诉求
- 忽视产品的可替代性
- 缺乏产品的核心聚焦
- 忽视产品的信用支持

扭转方式
- 提升利益感知
- 调整营销策略
- 改变定位

G 从"创业金种子挑选和打磨路径图"看定位

定位 → 客户/用户 → 产品
收入　成本
交易 ← 传播 ← 竞争

H 定位"四问"模型
- H1 我是谁？  
- H2 我为谁服务？
- H3 我服务的群体最大特点是什么？
- H4 我提供哪些环节的服务？满足哪些需求？

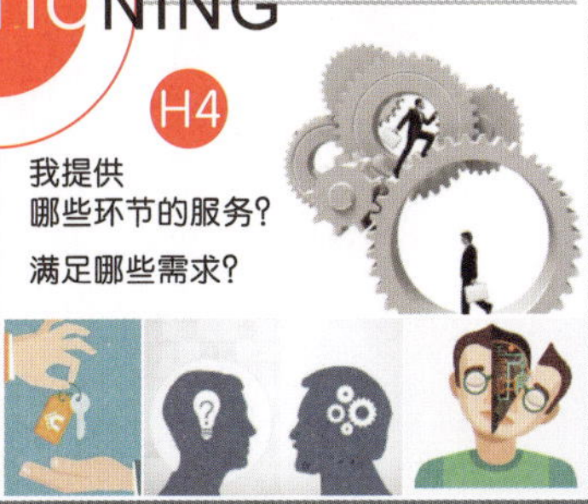

POSITIONING

17

《如何进行产品定位？》翻转课堂情景图任务 A

时间TIME： 年 月 日　**2学时**

任务可团队分工完成，也可个人独立完成；可直接写在任务纸上，也可在自行准备的练习本上完成（注明任务名称）。

个人姓名：　　　　　　　　　团队名称：　　　　　　　　　任务名称：

实到团队成员：

迟到团队成员：

旷课团队成员：　　　　　　　请假团队成员：

情景图任务的参考答案线索和思路都隐含在情景图和任务纸中，请灵活掌握。线索和思路不是标准答案，仅起到参考和抛砖引玉的作用。《授课说明》和课件 PPT 非学习必备配套，没有亦不影响使用。

为什么要进行产品定位？

参照《如何进行产品定位？》情景图A中的A1-A4，完成以下任务：

1、多角度举例阐述：为什么要进行产品定位？（翻转课堂）

2、你的创业项目有没有进行过产品定位？为什么？你的创业项目是在什么阶段进行产品定位的？

定位的本质

参照《如何进行产品定位？》情景图B，完成以下任务并翻转课堂：

"定位的本质不是你在工商局完成注册，而是你在客户/用户的心目中完成注册。抢占客户/用户的心智资源，你在他们的心目中占了一个怎样的位置？"

你对以上这句话是如何理解的？并举例阐述。

定位是对客户/用户/顾客/消费者偏好的争抢-1

参照《产品定位》情景图C中的C1，完成以下任务：

1、多角度举例阐述：顾客、消费者、用户、客户有什么区别？（翻转课堂）

顾　客

消费者

客　户

用　户

2、多角度举例阐述：属性偏好的定位类型有哪些？

3、在以上属性偏好的定位类型中，你认为哪类最适合你的产品定位？为什么？（翻转课堂）

定位是对客户/用户/顾客/消费者偏好的争抢-2   参照《如何进行产品定位？》情景图C中的C2，完成以下任务：

1、多角度举例阐述：如何从态度偏好短期定位的角度对你的项目产品进行定位？

2、多角度举例阐述：如何从态度偏好长期定位的角度对你的项目产品进行定位？

3、多角度举例阐述：如何将属性偏好与态度偏好结合进行产品或品牌定位？

经典的定位理论和组合-1   参照《如何进行产品定位？》情景图D中的D1，完成以下任务：

1、多角度举例阐述：什么是"轻决策"产品？（翻转课堂）

2、多角度举例阐述：为什么说"轻决策"产品适合用"抢占消费者心智思维"的定位模式？（翻转课堂）

3、多角度举例阐述：所有的"轻决策"产品都适用"抢占消费者心智思维"的定位模式吗？为什么？（翻转课堂）

学习心得

根据任务的难度和完成的质量、数量、创新性、相关性、匹配程度等，给予具体评分： 90-99、80-89、70-79、60-69、50-59、40-49、30-39、0-29。未做任务者计0分。

任务可团队分工完成，也可个人独立完成；可直接写在任务纸上，也可在自行准备的练习本上完成（注明任务名称）。

《如何进行产品定位?》
翻转课堂情景图任务 B

时间TIME：
年 月 日

2学时

个人姓名：　　　　　团队名称：　　　　　任务名称：

实到团队成员：

迟到团队成员：

旷课团队成员：　　　　　请假团队成员：

情景图任务的参考答案线索和思路都隐含在情景图和任务纸中，请灵活掌握。线索和思路不是标准答案，仅起到参考和抛砖引玉的作用。《授课说明》和课件PPT非学习必备配套，没有亦不影响使用。

经典的定位理论和组合-2
参照《如何进行产品定位?》情景图D中的D2，完成以下任务并翻转课堂：

1、多角度举例阐述：市场定位=市场细分+差异化

2、市场细分和差异化的区别在哪里? 有没有相同点? 如有相同点，相同点是什么?

3、你的项目和产品如何进行市场定位?

几种产品的定位比较
参照《如何进行产品定位?》情景图E中的E1-E7，在以下空格内填写相关内容：

酒店类
- 伯瓷酒店定位
- 如家连锁酒店定位
- 民宿定位

杂志类
- 《北大商业评论》定位
- 《中国企业家》定位
- 《经理人》定位
- 《商界》定位

定位失败的误区与扭转方式
参照《如何进行产品定位?》情景图F，完成以下任务并翻转课堂：

1、在定位失败的几大误区中，选其中的一个进行多角度案例阐述。
　（1）以个人喜好判断用户；（2）以自身视角定义市场；（3）缺乏清晰的产品诉求；（4）忽视产品的可替代性；（5）缺乏产品的核心聚焦；（6）忽视产品的信用支持。

2、如何走出以上定位失败的误区？

从"创业金种子挑选和打磨路径图"看定位

参照《如何进行产品定位？》情景图G，完成以下任务：

1、多角度举例阐述："创业金种子挑选和打磨路径"为什么要从定位开始？

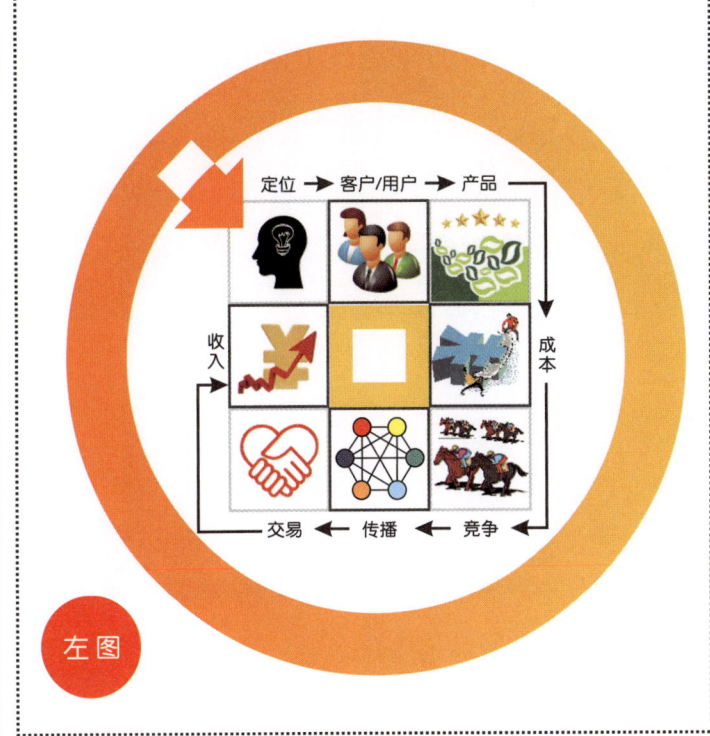

2、根据自拟项目和产品，将"客户/用户、产品、定位、成本、收入、竞争、传播、交易"等八大元素，按照自己的理解和思维填入以下图中，并标出数字、路径（含起点和终点）。（翻转课堂）

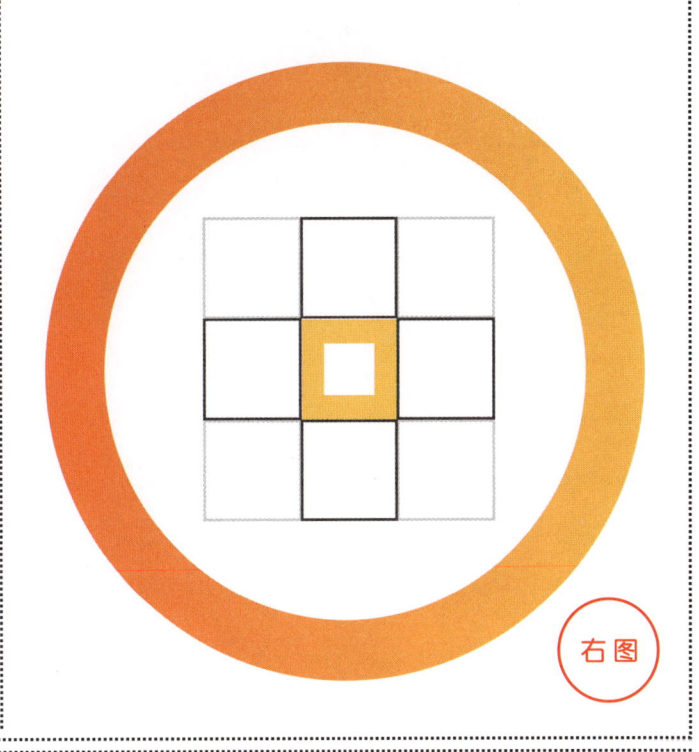

左图

定位 → 客户/用户 → 产品
收入 ↑   ↓ 成本
交易 ← 传播 ← 竞争

右图

定位"四问"模型

参照《如何进行产品定位？》情景图H中的H1-H4，根据自有项目或典型案例将以下四个象限填写完整：

1、我是谁？	2、我为谁服务？
3、我服务的群体最大特点是什么？	4、我提供哪些环节的服务？满足哪些需求？

POSITIONING

学习心得

根据任务的难度和完成的质量、数量、创新性、相关性、匹配程度等，给予具体评分： 90-99、80-89、70-79、60-69、50-59、40-49、30-39、0-29。未做任务者计0分。

21

创业综合管理(一)
创业种子管理 之 4

如何探索客户需求？

创业综合管理（一）创业种子管理之 4
如何探索客户需求？

•情景式翻转课堂图•

A 客户与用户的需求通道构建

客户需求
用户需求
市场
产品需求
产品功能
需求是什么？

马斯洛需求理论

- 自我实现需求（挖掘潜能、实现梦想）
- 尊重需求｜如对有成就人予以尊重或自有成就感
- 社交需求｜如对友谊、爱情、隶属关系的需求等
- 安全需求｜如免遭痛苦威胁及疾病、人身安全、生活稳定等
- 生理需求｜如水、食物、空气、性欲、生存等

B 产品和营销的需求点能够解决客户/用户的痛点、难点和需求点

- B1 你的产品解决了哪个行业的痛点？
- B2 解决的效果怎么样？
- B3 客户/用户怎样评价你的产品？
- B4 用户使用你的产品的频率高还是低？
- B5 你的市场规模到底能做多大？
- B6 市场是残酷的，产品的创新、调整和优化要能满足客户和用户的需求，这些决定着你的产品能否在激烈的竞争中胜出，决定着能否做大做强。

C 需求分析与销售三个管理关系图

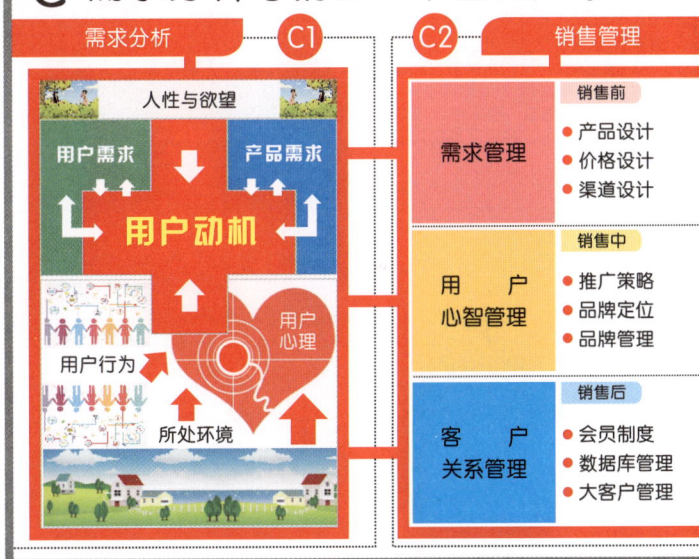

C1 需求分析：人性与欲望 → 用户需求、产品需求 → 用户动机 ← 用户心理、用户行为、所处环境

C2 销售管理：
- 销售前 需求管理：产品设计、价格设计、渠道设计
- 销售中 用户心智管理：推广策略、品牌定位、品牌管理
- 销售后 客户关系管理：会员制度、数据库管理、大客户管理

D 从商业模式逻辑路径去把握客户需求

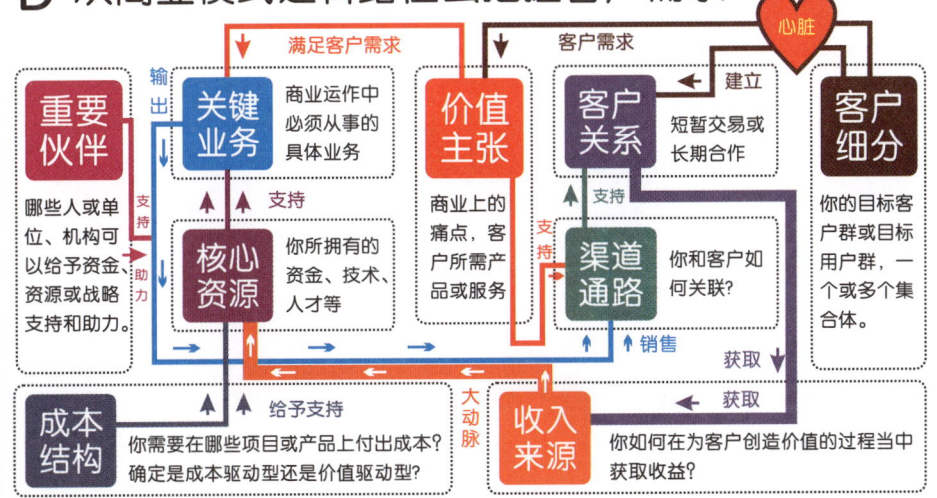

- 重要伙伴：哪些人或单位、机构可以给予资金资源或战略支持和助力。
- 关键业务：商业运作中必须从事的具体业务
- 核心资源：你所拥有的资金、技术、人才等
- 价值主张：商业上的痛点，客户所需产品或服务
- 客户关系：短暂交易或长期合作
- 渠道通路：你和客户如何关联？
- 客户细分：你的目标客户群或目标用户群，一个或多个集合体。
- 成本结构：你需要在哪些项目或产品上付出成本？确定是成本驱动型还是价值驱动型？
- 收入来源：你如何在为客户创造价值的过程当中获取收益？

心脏｜大动脉

E 客户需求分析要能透过表象看到本质

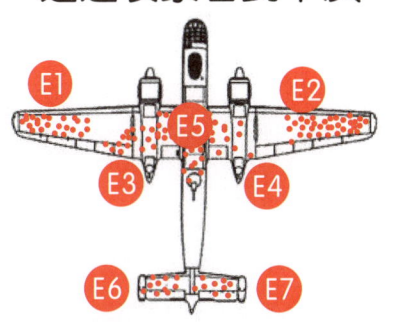

E1 E2 E3 E4 E5 E6 E7

二战当中盟军轰炸机经常在敌人的防空炮火中受损，盟军需要在轰炸机最需要保护的地方加厚装甲（如果全机加厚装甲会使轰炸机笨重，飞行缓慢更易被击中）。以上是根据受损轰炸机数量统计的中弹部位，请选择最多在3个地方加厚装甲。

23

《如何探索客户需求?》翻转课堂情景图任务 A

时间TIME：年 月 日　2学时

任务可团队分工完成，也可个人独立完成；可直接写在任务纸上，也可在自行准备的练习本上完成（注明任务名称）。

个人姓名：　　　团队名称：　　　任务名称：

实到团队成员：

迟到团队成员：

旷课团队成员：　　　请假团队成员：

情景图任务的参考答案线索和思路都隐含在情景图和任务纸中，请灵活掌握。线索和思路不是标准答案，仅起到参考和抛砖引玉的作用。《授课说明》和课件PPT非学习必备配套，没有亦不影响使用。

客户与用户的需求通道构建

参照《如何探索客户需求?》情景图A，完成以下任务：

1、在Y型通道中，①②③④分别是什么？

2、在Y型通道中，①②③④的路径是如何走向的？在下图标示出来，并用实际案例讲清原理。

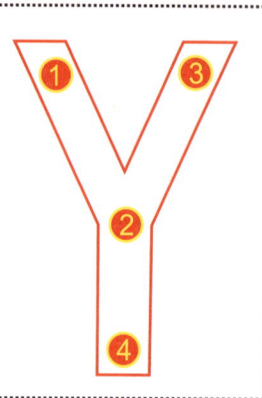

需求是什么？

参照《如何探索客户需求?》情景图A，完成以下任务并翻转课堂：

"需求就是问题，发现需求就是发现问题，如果发现的是小问题，解决之后价值通常不大。只有解决大问题才有大价值，客户才会付出大价钱。"请从多角度举例阐述：你对这句话是如何理解的？

马斯洛需求理论与对应的产品

参照《如何探索客户需求?》情景图A，完成以下任务并翻转课堂：

自我实现需求（挖掘潜能、实现梦想）
- 可以构思的项目或可进行设计的产品有：

尊重需求（如对有成就的人予以尊重或自有成就感）
- 可以构思的项目或可进行设计的产品有：

社交需求（如对友谊、爱情、隶属关系的需求等）
- 可以构思的项目或可进行设计的产品有：

安全需求（如免遭痛苦威胁及疾病、人身安全、生活稳定等）
- 可以构思的项目或可进行设计的产品有：

生理需求（如水、食物、空气、性欲、生存等）
- 可以构思的项目或可进行设计的产品有：

产品和营销的需求点能够解决客户/用户的痛点、难点和需求点

参照《如何探索客户需求?》情景图B中的B1-B6，根据实际项目或案例完成以下任务并翻转课堂：

- 你的产品解决了哪个行业的痛点？

- 解决的效果怎么样？

- 客户/用户怎样评价你的产品？

- 用户使用你的产品的频率是高还是低？

- 你的产品市场规模到底能做多大？

"市场是残酷的，产品的创新、调整和优化要能满足客户和用户的需求，这些决定着你的产品能否在激烈的竞争中胜出，决定着能否做大做强。"
请从多角度举例阐述：你对这句话是如何理解的？

学习心得

根据任务的难度和完成的质量、数量、创新性、相关性、匹配程度等，给予具体评分： 90-99、80-89、70-79、60-69、50-59、40-49、30-39、0-29。未做任务者计0分。

《如何探索客户需求?》翻转课堂情景图任务 B

时间TIME: 年 月 日 　2学时

任务可团队分工完成，也可个人独立完成；可直接写在任务纸上，也可在自行准备的练习本上完成（注明任务名称）。

个人姓名：　　　　团队名称：　　　　任务名称：

实到团队成员：

迟到团队成员：

旷课团队成员：　　　　请假团队成员：

情景图任务的参考答案线索和思路都隐含在情景图和任务纸中，请灵活掌握。线索和思路不是标准答案，仅起到参考和抛砖引玉的作用。《授课说明》和课件PPT非学习必备配套，没有亦不影响使用。

需求分析

参照《如何探索客户需求?》情景图C中的C1-C2，完成以下任务并翻转课堂：

1、请参照左图，如何对你拟定的项目和产品进行需求分析？

2、多角度举例阐述：用户行为习惯、所处环境、用户心理对用户动机有哪些影响？

3、多角度举例阐述：客户需求分析与销售前、销售中、销售后的需求管理、用户心智管理、客户关系管理有什么关联性？

从商业模式逻辑路径去把握客户需求

参照《如何探索客户需求?》情景图D，根据实际项目或案例完成以下任务并翻转课堂：

1、请在下图中，画出商业模式实现的逻辑路径。

重要伙伴 哪些人或单位、机构可以给予资金、资源或战略支持和助力。	**关键业务** 商业运作中必须从事的具体业务	**价值主张** 商业上的痛点，客户所需产品或服务。	**客户关系** 短暂交易或长期合作	**客户细分** 你的目标客户群或目标用户群，一个或多个集合体。
	核心资源 你所拥有的资金、技术、人才等		**渠道通路** 你和客户如何关联？	

成本结构 你需要在哪些项目或产品上付出成本？确定是成本驱动型还是价值驱动型？	**收入来源** 你如何在为客户创造价值的过程当中获取收益？

2、多角度举例阐述：在上图中，哪个部分是商业模式的"心脏"？哪个部分是商业模式的"动脉"？为什么？

客户需求分析要能透过表象看到本质
参照《如何探索客户需求?》情景图E中的E1-E7，完成以下任务并翻转课堂：

二战当中盟军轰炸机经常在敌人的防空炮火中受损，盟军需要在轰炸机最需要保护的地方加厚装甲（如果全机加厚装甲会使轰炸机笨重，飞行缓慢更易被击中）。以上是根据受损轰炸机数量统计的中弹部位，请选择最多在3个地方加厚装甲。请在以下要选的编号上打"√"

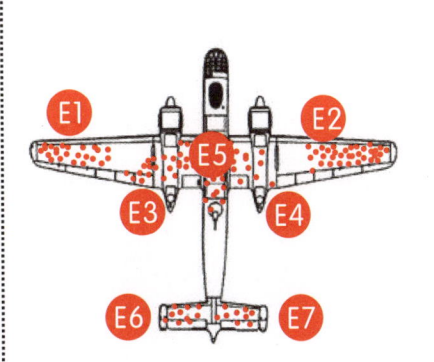

E1	E2	E3	E4	E5	E6	E7

请阐述你选择的理由：

如果以上你都不选，你打算选哪里加厚装甲？并阐述你的理由：

学习心得

根据任务的难度和完成的质量、数量、创新性、相关性、匹配程度等，给予具体评分： 90-99、80-89、70-79、60-69、50-59、40-49、30-39、0-29。未做任务者计0分。

创业综合管理（一）
创业种子管理 之 5
如何展开客户细分？

创业综合管理（一）创业种子管理之 5

如何展开客户细分？

• 情景式翻转课堂图 •

A "重强不重弱"的客户细分观

A1 建立自己的垄断领域
- 不像常规对手一样解决100个问题，而是把一个问题解决得比所有对手都好得多（核心竞争力）
- 通过创新建立自己的"王国"
- 找到市场持久的、决定性的、原则性的问题加以解决

A2 在一个竞争市场上成为市场领先者
- 找到保持领先地位的手段（如成本领先、技术领先等核心竞争力）

A3 在一个竞争市场上作为追随者
- 找到适合自己的生存方式

B "用户分类"也是一种可挖掘的客户细分方法

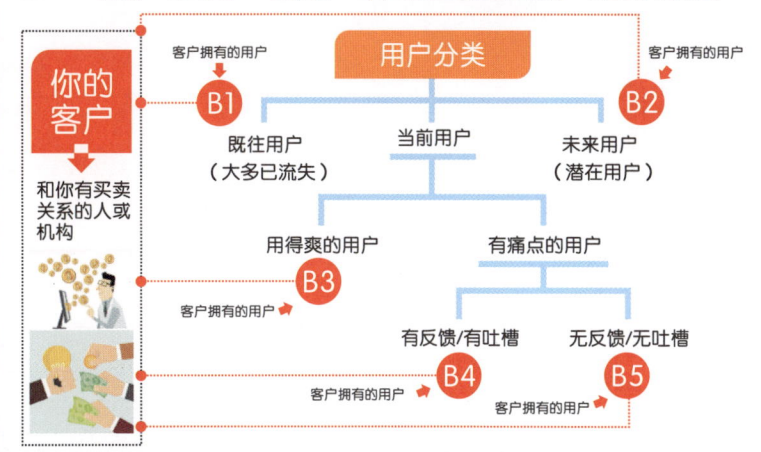

你的客户：和你有买卖关系的人或机构

用户分类
- **B1** 既往用户（大多已流失）— 客户拥有的用户
- 当前用户
  - **B3** 用得爽的用户 — 客户拥有的用户
  - 有痛点的用户
    - **B4** 有反馈/有吐槽 — 客户拥有的用户
    - **B5** 无反馈/无吐槽 — 客户拥有的用户
- **B2** 未来用户（潜在用户）— 客户拥有的用户

C 如何用RFM模型进行客户细分？

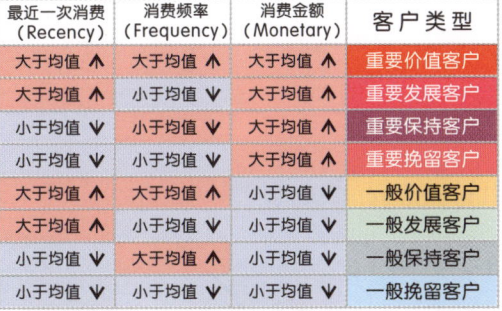

RFM模型是客户细分的一个重要工具，主要衡量客户价值和客户创利能力。

最近一次消费(Recency)	消费频率(Frequency)	消费金额(Monetary)	客户类型
大于均值 ↑	大于均值 ↑	大于均值 ↑	重要价值客户
大于均值 ↑	小于均值 ↓	大于均值 ↑	重要发展客户
小于均值 ↓	大于均值 ↑	大于均值 ↑	重要保持客户
小于均值 ↓	小于均值 ↓	大于均值 ↑	重要挽留客户
大于均值 ↑	大于均值 ↑	小于均值 ↓	一般价值客户
大于均值 ↑	小于均值 ↓	小于均值 ↓	一般发展客户
小于均值 ↓	大于均值 ↑	小于均值 ↓	一般保持客户
小于均值 ↓	小于均值 ↓	小于均值 ↓	一般挽留客户

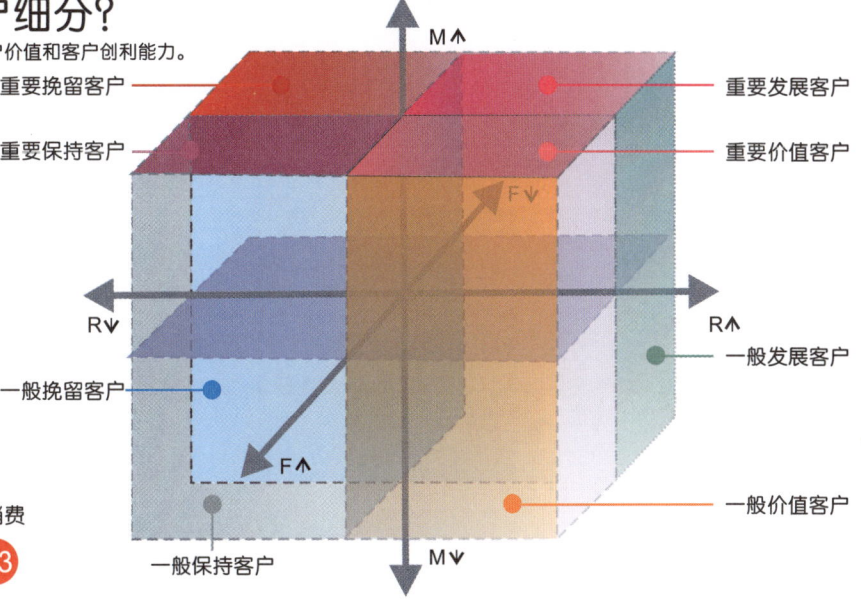

C1 消费金额 ＞ **C2** 消费频率 ＞ **C3** 最近一次消费

重要挽留客户、重要发展客户、重要保持客户、重要价值客户、一般挽留客户、一般发展客户、一般保持客户、一般价值客户

D 客户ABC分类法

D1 "现大"客户：即时结算，从不拖欠货款，且交易额大。

D2 "现小"客户：即时结算，从不拖欠货款，但交易额小。

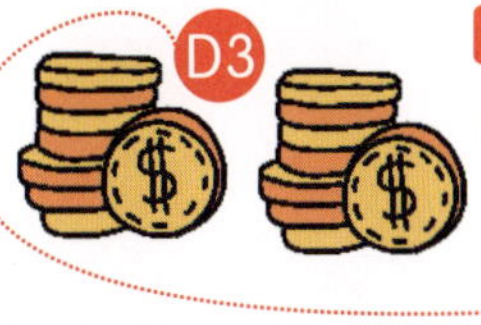

D4 "赊大"客户：长期拖欠货款，且拖欠金额或所占营收比例很大。

D3 "赊小"客户：账期结算，会拖欠货款，但交易额小。

E 销售漏斗与客户获取

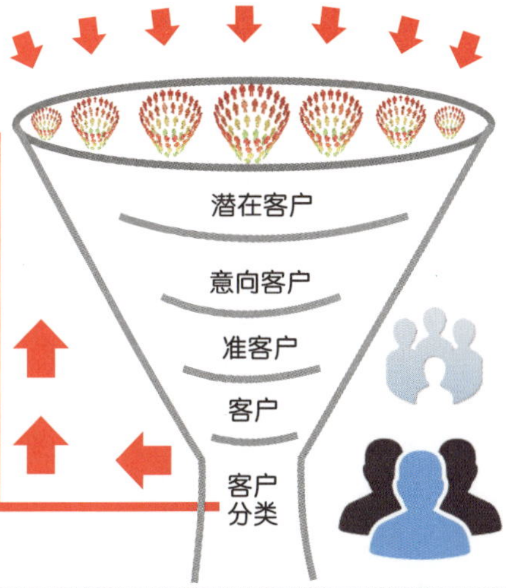

潜在客户 → 意向客户 → 准客户 → 客户 → 客户分类

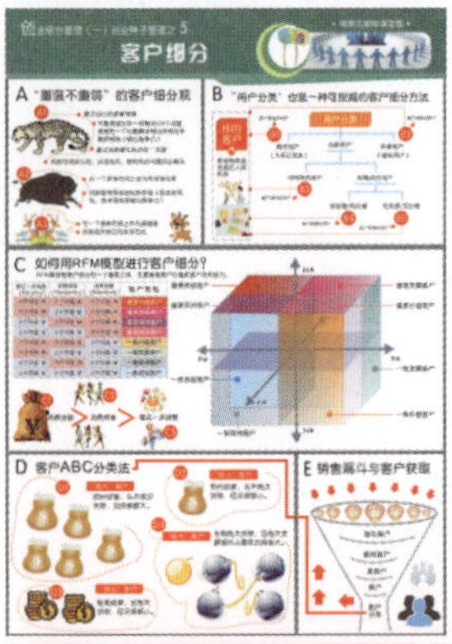

《如何展开客户细分?》
翻转课堂情景图任务 A

时间TIME:
年 月 日

2学时

个人姓名：　　　　　　　　团队名称：　　　　　　　　任务名称：
实到团队成员：
迟到团队成员：
旷课团队成员：　　　　　　　　请假团队成员：

情景图任务的参考答案线索和思路都隐含在情景图和任务纸中，请灵活掌握。线索和思路不是标准答案，仅起到参考和抛砖引玉的作用。《授课说明》和课件PPT非学习必备配套，没有亦不影响使用。

"重强不重弱"的客户细分观　参照《如何展开客户细分?》情景图A中的A1-A3，完成以下任务并翻转课堂：

1、以下三种动物分别是什么？请按强、中、弱标明强弱程度。

动物名称（　　　　）　　　动物名称（　　　　）　　　动物名称（　　　　）
强弱程度（　　　　）　　　强弱程度（　　　　）　　　强弱程度（　　　　）

2、如果以下动物分别代表着三种不同类型的客户，他们分别有什么客户细分的特征？

客户特征

客户特征

客户特征

"用户分类"也是一种可挖掘的客户细分方法

参照《如何展开客户细分？》情景图B中的B1-B5，完成以下任务：

1、多角度举例阐述：谁是你的客户？你的客户和用户有什么关联性？

2、你的客户拥有的用户最多的类型是哪一种？并依次判断客户强弱程度。

既往用户（大多已流失）	
未来用户（潜在用户）	
用得爽的当前用户	
有痛点、有反馈有吐槽的当前用户	
有痛点、无反馈无吐槽的当前用户	

如何用RFM模型进行客户细分？-1

参照《如何展开客户细分？》情景图C中的C1-C3，完成以下任务并翻转课堂：

最近一次消费（Recency）	消费频率（Frequency）	消费金额（Monetary）	客户类型
大于均值 ↑	大于均值 ↑	大于均值 ↑	重要价值客户
大于均值 ↑	小于均值 ↓	大于均值 ↑	重要发展客户
小于均值 ↓	小于均值 ↓	大于均值 ↑	重要保持客户
小于均值 ↓	小于均值 ↓	大于均值 ↑	重要挽留客户
大于均值 ↑	大于均值 ↑	小于均值 ↓	一般价值客户
大于均值 ↑	小于均值 ↓	小于均值 ↓	一般发展客户
小于均值 ↓	大于均值 ↑	小于均值 ↓	一般保持客户
小于均值 ↓	小于均值 ↓	小于均值 ↓	一般挽留客户

1、RFM模型将客户细分了几种类型？多角度举例阐述分别是什么？

2、在以上几种客户细分类型中，如果让你只能选择2种，你会选择哪几个？为什么？

3、在以上几种客户细分类型中，如果让你必须放弃2种，你会放弃哪几个？为什么？

4、请在"最近一次消费、消费频率、消费金额"这三个指标中按照重要程度进行排列，并阐明理由。

学习心得

根据任务的难度和完成的质量、数量、创新性、相关性、匹配程度等，给予具体评分： 90-99、80-89、70-79、60-69、50-59、40-49、30-39、0-29。未做任务者计0分。

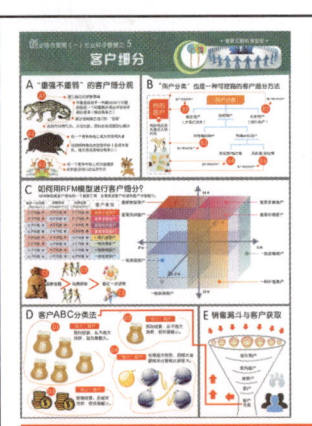

任务可团队分工完成，也可个人独立完成；可直接写在任务纸上，也可在自行准备的练习本上完成（注明任务名称）。

《如何展开客户细分？》
翻转课堂情景图任务 B

时间TIME：年 月 日

2学时

个人姓名：　　　　　　团队名称：　　　　　　任务名称：

实到团队成员：

迟到团队成员：

旷课团队成员：　　　　　　请假团队成员：

情景图任务的参考答案线索和思路都隐含在情景图和任务纸中，请灵活掌握。线索和思路不是标准答案，仅起到参考和抛砖引玉的作用。《授课说明》和课件PPT非学习必备配套，没有亦不影响使用。

如何用RFM模型进行客户细分？-2

参照《如何展开客户细分？》情景图C和以下表格，完成以下任务并翻转课堂：

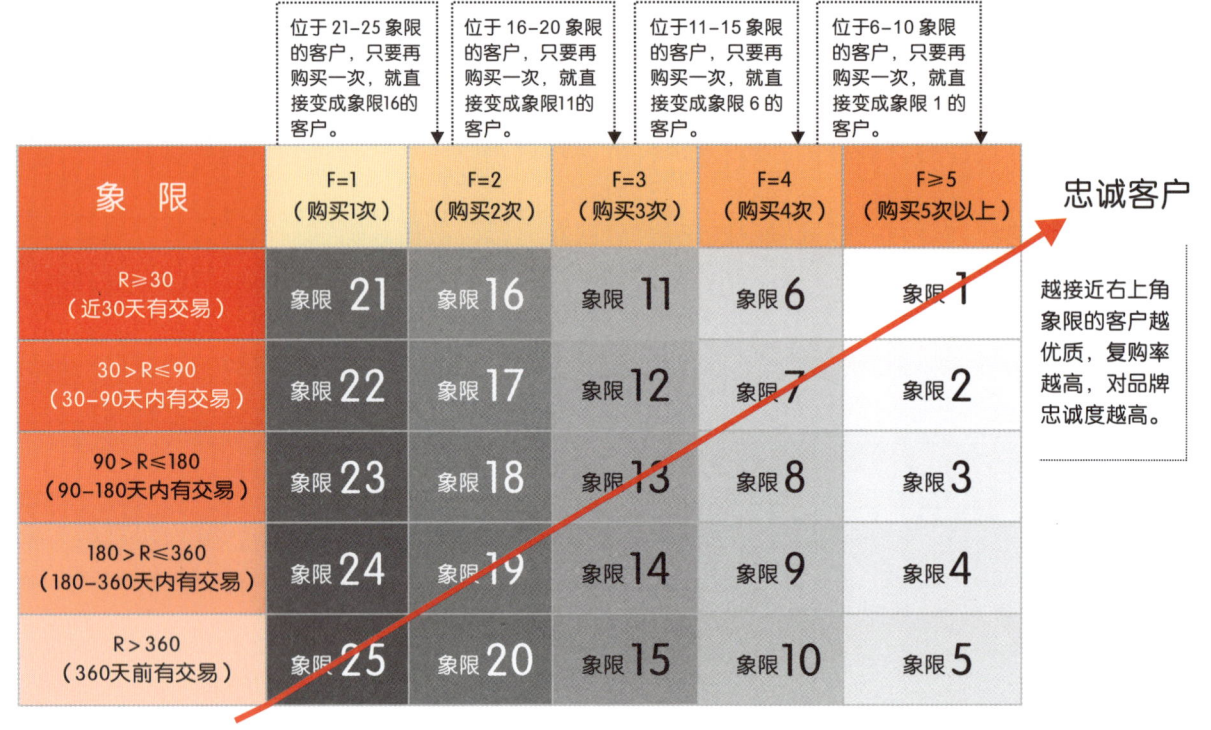

- 位于21-25象限的客户，只要再购买一次，就直接变成象限16的客户。
- 位于16-20象限的客户，只要再购买一次，就直接变成象限11的客户。
- 位于11-15象限的客户，只要再购买一次，就直接变成象限6的客户。
- 位于6-10象限的客户，只要再购买一次，就直接变成象限1的客户。

象限	F=1（购买1次）	F=2（购买2次）	F=3（购买3次）	F=4（购买4次）	F≥5（购买5次以上）
R≥30（近30天有交易）	象限21	象限16	象限11	象限6	象限1
30>R≤90（30-90天内有交易）	象限22	象限17	象限12	象限7	象限2
90>R≤180（90-180天内有交易）	象限23	象限18	象限13	象限8	象限3
180>R≤360（180-360天内有交易）	象限24	象限19	象限14	象限9	象限4
R>360（360天前有交易）	象限25	象限20	象限15	象限10	象限5

忠诚客户 →

越接近右上角象限的客户越优质，复购率越高，对品牌忠诚度越高。

← 流失客户

1、多角度举例阐述：用RFM模型来细分客户的数据从哪里来？

2、如某个客户的F=2，90<R≤180，则位于哪个象限？

3、从以上表格中如何看出客户忠诚度？

4、请举例说明：各纵向象限的客户如果再购买一次，是如何变化的？

5、象限25属于流失客户，象限1属于绝对忠实老客户（同这种客户打电话，可以用最直接的方式进行沟通），为什么我们要重点关注象限5和象限10的客户？

客户ABC分类法

参照《如何展开客户细分？》情景图D中的D1-D4，完成以下任务并翻转课堂：

"现大"客户：即时结算，从不拖欠货款，且交易额大。

"赊大"客户：长期拖欠货款，且拖欠金额或所占营收比例很大。

"现小"客户：即时结算，从不拖欠货款，但交易额小。

"赊小"客户：账期结算，会拖欠货款，但交易额小。

1、在"现大"客户、"赊大"客户、"现小"客户、"赊小"四类客户中，哪三个分别对应A类、B类、C类客户？

2、举例阐述：在"现大"客户、"赊大"客户、"现小"客户、"赊小"四类客户中，最优质的客户是哪个，为什么？

3、举例阐述：在"现大"客户、"赊大"客户、"现小"客户、"赊小"四类客户中，最危险、破坏性最大的客户是哪个，为什么？

4、举例阐述：一个企业应收账款中，是100万的坏账危险还是1000万的坏账危险？为什么？

销售漏斗与客户获取

参照《如何展开客户细分？》情景图E，完成以下任务：

1、如果销售漏斗的源头有600人，按照右图的层层过滤比率，最后能成交的客户有多少人？你判断这些最后成交的客户能成为"现大"、"赊大"、"现小"、"赊小"的可能性分别有多大？

2、按照右图的层层过滤比率，最后要成交客户100人，漏斗的源头必须有多少人？

3、如果漏斗的源头人数是固定的，要提高最后客户的人数，最有可能的办法有哪些？

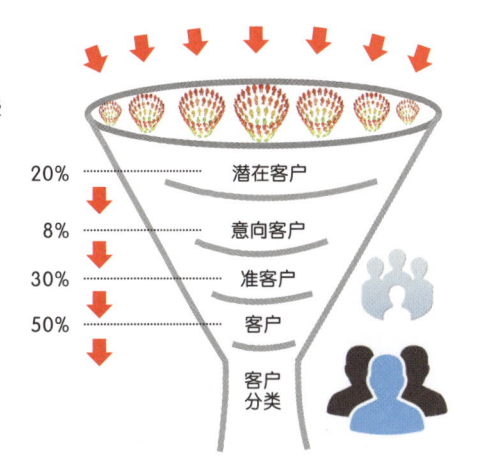

漏斗比率：20% 潜在客户；8% 意向客户；30% 准客户；50% 客户；客户分类

学习心得

根据任务的难度和完成的质量、数量、创新性、相关性、匹配程度等，给予具体评分： 90-99、80-89、70-79、60-69、50-59、40-49、30-39、0-29。未做任务者计0分。

创业综合管理（一）
创业种子管理 之 **6**

如何设计客户收益？

创业综合管理（一）创业种子管理之 6
如何设计客户收益？

情景式翻转课堂图

A 客户、用户、顾客与消费者概念辨析

- 用户主要是基于产品模式来考虑的
- 你及你的企业或项目团队
- 用户主要是基于商业模式来考虑的
- 以手机为例

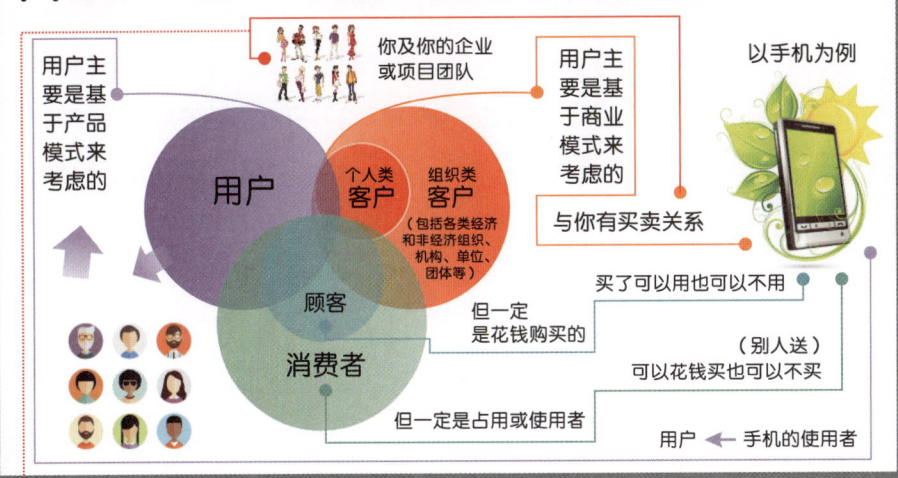

用户　个人类客户　组织类客户（包括各类经济和非经济组织、机构、单位、团体等）

顾客　消费者

- 与你有买卖关系
- 但一定是花钱购买的
- 买了可以用也可以不用
- （别人送）可以花钱买也可以不买
- 但一定是占用或使用者
- 用户 ← 手机的使用者

B 角色与称谓使用

- B1 产品经理或产品开发者 常使用"用户"称谓
- B2 市场研究者 常使用"消费者"称谓 
- B3 实体门店经营者 常使用"顾客"称谓 
- B4 为各类组织服务的企业、机构、商超团购部或保险、电商、微商等从业者，常使用"客户"称谓。 
- B5 你呢？ 

C 赚钱与值钱

C1 赚钱的公司 VS 值钱的公司
- 任何公司都需要赚钱，但只是为了赚钱的公司是缺乏想象力的。
- 值钱的公司都是有足够的想象空间的

C2 赚钱只是一个结果不是目的，如果只是为了赚钱，那么赚钱就做，不赚钱就马上转向，变来变去，最后可能会变得一无所有。

- C3 挣钱的人 VS
- C4 赚钱的人
- C5 值钱的人
- C6 你呢？

D 赚钱的创新逻辑

- D1 赚谁的钱？
- D2 如何赚钱？
- D3 能赚多少钱？
- D4 凭啥你能赚到钱，而别人不能？
- D5 能否持续赚钱？

E 一根稻草值多少钱？

F 最好做的项目、产品、生意有哪些？

- F1 电商平台
- F2 分享
- F3 聊天 沟通 语音 免费
- F4 饮食
- F5 搜索引擎
- F6 在线酒店预订

G 收益设计与管理

- G1 好值 — 顾客收益设计
- G2 好用 省心 — 消费者收益设计
- G3 好用 好玩 放心 — 用户收益设计
- G4 客户收益设计 
  - 能帮我提高多少业绩？
  - 能帮我提高多少效率？
  - 能帮我提升多少利润？
  - 能帮我减少多少麻烦？
  - 能帮我降低多少风险？
- 客户收益过程管理

时机把握　市场细分　营销渠道
产品和服务　成本与定价　利润率与周转率

35

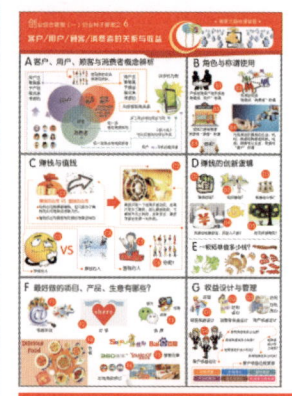

| 任务可团队分工完成，也可个人独立完成；可直接写在任务纸上，也可在自行准备的练习本上完成（注明任务名称）。 | **《如何设计客户收益？》** 翻转课堂情景图任务 A | 时间TIME: 年 月 日   2学时 |

个人姓名：　　　　　　　　团队名称：　　　　　　　　任务名称：

实到团队成员：

迟到团队成员：

旷课团队成员：　　　　　　　　请假团队成员：

> 情景图任务的参考答案线索和思路都隐含在情景图和任务纸中，请灵活掌握。线索和思路不是标准答案，仅起到参考和抛砖引玉的作用。《授课说明》和课件 PPT 非学习必备配套，没有亦不影响使用。

客户、用户、顾客、消费者概念辨析
参照《如何设计客户收益？》情景图A，完成以下任务：

1、举例阐述：什么是用户？用户主要是基于什么模式来考虑的？

2、举例阐述：什么是客户？客户主要是基于什么模式来考虑的？

3、举例阐述：顾客和消费者有什么区别？

4、根据上图举例阐述：客户、用户、顾客、顾客和消费者重合地方的群体或个体有什么特点？

角色与称谓使用-1
参照《如何设计客户收益？》情景图B中的B1、B2，完成以下任务并翻转课堂：

1、举例阐述：在客户/用户/顾客/消费者中，产品经理或产品开发者常使用什么称谓？为什么？

[产品经理或产品开发者]

2、举例阐述：在客户/用户/顾客/消费者中，市场研究者常使用什么称谓？为什么？

[市场研究者]

角色与称谓使用-2

参照《如何设计客户收益?》情景图B中的B3、B4、B5，完成以下任务并翻转课堂：

1、举例阐述：在客户/用户/顾客/消费者中，实体门店经营者常使用什么称谓？为什么？

[实体门店经营者]

2、举例阐述：在客户/用户/顾客/消费者中，服务型组织的从业者常使用什么称谓？为什么？

[服务型组织的从业者]

3、根据你自己或团队的项目阐述：在客户/用户/顾客/消费者中，你常使用什么称谓？为什么？

[你呢？]

赚钱与值钱-1

参照《如何设计客户收益?》情景图C中的C1、C2，完成以下任务并翻转课堂：

[赚钱的公司 VS 值钱的公司]

1、举例阐述：赚钱的公司和值钱的公司有什么区别？

2、根据自己的项目阐述：你和你的团队如果成立公司，会成为赚钱的公司还是值钱的公司？为什么？

3、举例阐述：你对以下这句话是如何理解的？

"赚钱只是一个结果不是目的，如果只是为了赚钱，那么赚钱就做，不赚钱就马上转向，变来变去，最后可能会变得一无所有。"

学习心得

根据任务的难度和完成的质量、数量、创新性、相关性、匹配程度等，给予具体评分： 90-99、80-89、70-79、60-69、50-59、40-49、30-39、0-29。未做任务者计0分。

37

《如何设计客户收益?》翻转课堂情景图任务 B

时间TIME： 年 月 日　**2学时**

任务可团队分工完成，也可个人独立完成；可直接写在任务纸上，也可在自行准备的练习本上完成（注明任务名称）。

个人姓名：　　　　　团队名称：　　　　　任务名称：

实到团队成员：

迟到团队成员：

旷课团队成员：　　　　　请假团队成员：

> 情景图任务的参考答案线索和思路都隐含在情景图和任务纸中，请灵活掌握。线索和思路不是标准答案，仅起到参考和抛砖引玉的作用。《授课说明》和课件PPT非学习必备配套，没有亦不影响使用。

赚钱与值钱-2

参照《如何设计客户收益?》情景图C中的C3-C5，完成以下任务并翻转课堂：

挣钱的人　1、举例阐述：挣钱的人有什么特点？为什么？

赚钱的人　2、举例阐述：赚钱的人有什么特点？为什么？

值钱的人　3、举例阐述：值钱的人有什么特点？怎样能成为值钱的人？

赚钱的创新逻辑

参照《如何设计客户收益?》情景图D中的D1-D5，完成以下任务并翻转课堂：

赚谁的钱？　1、举例阐述：你和你的团队项目（产品）赚谁的钱？

如何赚钱？　2、举例阐述：你和你的团队项目（产品）如何赚钱？

能赚多少钱？　3、举例阐述：你和你的团队项目（产品）能赚多少钱？

凭啥你能赚到钱，而别人不能？　4、举例阐述：凭啥你和你的团队项目（产品）能赚钱，而别人不能？

能否持续赚钱？　5、举例阐述：你和你的团队项目（产品）能否持续赚钱？为什么？

一根稻草值多少钱？

参照《如何设计客户收益?》情景图E，完成以下任务并翻转课堂：

举例阐述：为什么一根不值钱的稻草绑到白菜上变成白菜价，绑到螃蟹上变成螃蟹价？绑到猪肉上变成猪肉价？

最好做的项目、产品、生意有哪些？

参照《如何设计客户收益？》情景图F中的F1-F6，完成以下任务并翻转课堂：

电商平台	分享	免费
饮食	搜索引擎	在线酒店预订

多角度举例阐述：在以上六个框框的图中，找出3个最适合你的或你认为最好做的。如果以上你都认为不是你最想要的，请另列3个，并列明原因。

收益设计与管理
参照《如何设计客户收益？》情景图G中的G1-G4，完成以下任务并翻转课堂：

顾客收益设计 — 1、举例阐述：如何根据顾客关注点设计顾客收益？

消费者收益设计 — 2、举例阐述：如何根据消费者关注点设计消费者收益？

用户收益设计 — 3、举例阐述：如何根据用户关注点设计用户收益？

客户收益设计 — 4、举例阐述：如何根据客户关注点设计客户收益？

5、如何对客户收益过程进行管理？

- 时机把握
- 市场细分
- 营销渠道
- 产品和服务
- 成本与定价
- 利润率与周转率

学习心得

根据任务的难度和完成的质量、数量、创新性、相关性、匹配程度等，给予具体评分： 90-99、80-89、70-79、60-69、50-59、40-49、30-39、0-29。未做任务者计0分。

创业综合管理（一）
创业种子管理 之 7

创业种子如何做路演？

创业综合管理（一）创业种子管理之 7

创业种子如何做路演？

·情景式翻转课堂图·

A 项目路演

A2 线上项目路演
线上项目路演主要是通过QQ群、微信群，或者在线视频等互联网方式对相关项目进行讲解。

A1 项目路演就是企业、创业代表或参加创业大赛选手在讲台上向意向投资方、评委们讲解项目特色、产品价值、发展计划和融资计划等，一般分为线上路演和线下路演。

A3 线下项目路演
线下项目路演主要通过活动专场对意向投资人或评委进行面对面的演讲及交流。

B 项目路演除PPT之外的呈现方法

项目路演PPT模板很多很多，但能充分呈现自己特色又能深深打动人的很少很少……

B1 提问法 通过问题，引人好奇和注意，或让人产生思考。

B2 故事法 通过讲生动简要的故事，带来兴趣、启发、思考和共鸣。

B3 幽默法 让人开心、快乐，让自己处于放松的状态，拉近距离，带给人好感。

B4 引用法 引用权威、影响力的数据、故事、名言，使引证更具说服力。

B5 动作法 通过动作与小活动（如派发与项目相关的小礼品）产生互动、拉近距离。

B6 道具法 通过特色产品实样、模拟微场景、市场模型道具等带给人情景式可视化的真实感。

C 路演是商业计划书的动态化生动呈现

C1 我是谁？（定位）
C2 我要做什么事？（使命） 
C3 为什么要做这件事？（价值观） 
C4 为什么是我而不是其他人做这件事？（核心能力） 
C5 怎么才能做到？（商业模式）
C6 做到以后我会是什么样的公司？（愿景）

D 项目路演时间有多长时间？

不同的机构和对象所给时间各不相同，通常规定的时间大致有：

路演呈现 → 时间通常5-8分钟，以5分钟为多，短的只有3分钟。

现场提问 → 现场提问时间通常为3-5分钟，如无必要，也可不提问。

E 项目和企业核心竞争力的特点

E1 价值性 价值性能很好地实现客户/用户/顾客/消费者所看重的价值，如：能显著地降低成本，提高产品质量，提高服务效率，增加使用效能，从而给项目和企业带来竞争优势。

E2 稀缺性 这种能力的拥有者一定是极少数。

E3 不可替代性 竞争对手无法通过其他能力来替代它，它在为客户/用户/顾客/消费者创造价值的过程中具有不可替代的作用。

E4 难以模仿性 核心竞争力必须是拥有者特有的，是竞争对手难以模仿的、难以转移、难以复制的，这种难以模仿的能力能带来超过平均水平的利润。

F 项目路演时容易犯的几个错误

F1 平均用力 面面俱到
F2 全程念PPT文字 过程很枯燥 
F3 废话很多 讲不到重点 
F4 专业术语太多 深涩难懂 
F5 明显的市场方向判断错误（如复制一款低端产品和行业老大高端产品去竞争） 
F6 过于紧张 发挥失常

任务可团队分工完成，也可个人独立完成；可直接写在任务纸上，也可在自行准备的练习本上完成（注明任务名称）。

《创业种子如何做路演?》翻转课堂情景图任务 A

时间TIME：年 月 日

2学时

个人姓名：　　　　　团队名称：　　　　　任务名称：

实到团队成员：

迟到团队成员：

旷课团队成员：　　　　　请假团队成员：

情景图任务的参考答案线索和思路都隐含在情景图和任务纸中，请灵活掌握。线索和思路不是标准答案，仅起到参考和抛砖引玉的作用。《授课说明》和课件PPT非学习必备配套，没有亦不影响使用。

关于项目路演

参照《创业种子如何做路演?》情景图A中的A1-A3，完成以下任务并翻转课堂：

1、多角度举例阐述：什么是项目路演？项目路演最初来源于哪里？

2、多角度举例阐述：线上路演和线下路演各有什么特色？

项目路演前的信息梳理

请根据自己和所在团队项目，对相关信息进行梳理：

你做的是什么?
你的项目名称是什么？
用一句话体现项目的独特定位和特色：

有何创新之处?
项目与众不同的地方在哪里？核心竞争力在哪里？优势在哪里？

痛点是什么?
解决哪些迫切需要解决的问题？

谁最愿意买单或使用?
目标客户或用户的人群有什么特点？（年龄段、性别、文化程度、喜好、消费水平等）

你的动机目的是什么?
为什么要做这个项目？想实现什么最终目标？

项目路演除PPT之外的呈现方法
参照《创业种子如何做路演?》情景图B中的B1-B6，完成以下任务并翻转课堂：

1、多角度举例阐述：除了PPT之外，还有哪些项目路演呈现方法？

2、在以上路演呈现方法中，请选出一种对你之前梳理的项目信息进行呈现（画图、写文字、录音均可）

路演是商业计划书的动态化生动呈现
参照《创业种子如何做路演?》情景图C中的C1-C6，完成以下任务并翻转课堂：

我是谁？（定位）	→	我要做什么事？（使命）	→	为什么要做这件事？（价值观）
做到以后我会是什么样的公司？（愿景）	←	怎么才能做到？（商业模式）	←	为什么是我而不是其他人做这件事？（核心能力）

1、团队推举代表用提问法对"我是谁？（项目定位）"进行30秒呈现，老师进行点评。

2、团队推举代表用故事法对"我要做什么事（使命）"进行60秒呈现，老师进行点评。

3、团队推举代表用幽默法对"为什么要做这件事？（价值观）"进行60秒呈现，老师进行点评。

4、团队推举代表用引用法对"为什么是我而不是其他人做这件事？（核心能力）"进行60秒呈现，老师进行点评。

5、团队推举代表用动作法或活动法对"怎么才能做到？（商业模式）"进行60秒呈现，老师进行点评。

6、团队推举代表用道具法对"做到以后我会是什么样的公司？（愿景）"进行60秒呈现，老师进行点评。

学习心得

根据任务的难度和完成的质量、数量、创新性、相关性、匹配程度等，给予具体评分： 90-99、80-89、70-79、60-69、50-59、40-49、30-39、0-29。未做任务者计0分。

《创业种子如何做路演?》
翻转课堂情景图任务 B

时间TIME：年 月 日

2学时

任务可团队分工完成，也可个人独立完成；可直接写在任务纸上，也可在自行准备的练习本上完成（注明任务名称）。

个人姓名：　　　　　团队名称：　　　　　任务名称：

实到团队成员：

迟到团队成员：

旷课团队成员：　　　　　请假团队成员：

情景图任务的参考答案线索和思路都隐含在情景图和任务纸中，请灵活掌握。线索和思路不是标准答案，仅起到参考和抛砖引玉的作用。《授课说明》和课件PPT非学习必备配套，没有亦不影响使用。

项目和企业核心竞争力的特点
参照《创业种子如何做路演?》情景图E中的E1-E4，完成以下任务并翻转课堂：

1、多角度举例阐述：项目和企业核心竞争力的"价值性"特点

2、多角度举例阐述：项目和企业核心竞争力的"稀缺性"特点

3、多角度举例阐述：项目和企业核心竞争力的"不可替代性"特点

4、多角度举例阐述：项目和企业核心竞争力的"难以模仿性"特点

核心竞争力甄别和提炼
请根据自己和所在团队项目，对你拥有的核心竞争力进行甄别：

创新竞争力	人才竞争力	品牌竞争力	产品品质力	服务竞争力	行业规模竞争力
高端核心技术竞争力	大数据信息获取竞争力	核心流程管理竞争力	卓越的项目运作能力	高效的资源整合能力	客户资源竞争力
成本控制力	团队执行力	文化凝聚力	风险承受力	持续发展力	更多……

1、多角度举例阐述：以上所列竞争力，哪些是你核心掌握的？

2、如果你和你所在的团队没有核心竞争力，怎么办？

项目路演时容易犯的几个错误

参照《创业种子如何做路演？》情景图F中的F1-F6，完成以下任务并翻转课堂：

平均用力 面面俱到	全程念PPT文字 过程很枯燥	废话很多 讲不到重点
专业术语太多 深涩难懂	明显的市场方向 判断错误	过于紧张 发挥失常

1、在以上项目路演容易犯的错误中，你和你的项目团队容易犯的错误有哪些？

2、在你和你的项目团队路演容易犯的错误中选出一种比较典型的，制订有针对性的有效解决方案。

学习心得

根据任务的难度和完成的质量、数量、创新性、相关性、匹配程度等，给予具体评分： 90-99、80-89、70-79、60-69、50-59、40-49、30-39、0-29。未做任务者计0分。

创业金种子挑选与打磨路径图

定位就是在目标客户或目标用户心智中占据一个有利的位置，无论是目标客户或目标用户的痛点、痒点和兴奋点都是在准确定位的基础上，围绕产品（包括服务）而展开，这个过程涉及成本、竞争、传播、交易和收入。

创业金种子外部是金钱形，内部是九宫格局。九宫格中间是生存气孔，另外的八格分别是定位、客户或用户、产品、成本、竞争、传播、交易和收入，分别贯穿《创业综合管理》和《创业经营实战》两本教材的内容和训练全过程。

定位 → 客户/用户 → 产品 → 成本 → 竞争 ← 传播 ← 交易 ← 收入

《创业综合管理（二）》思维导图树

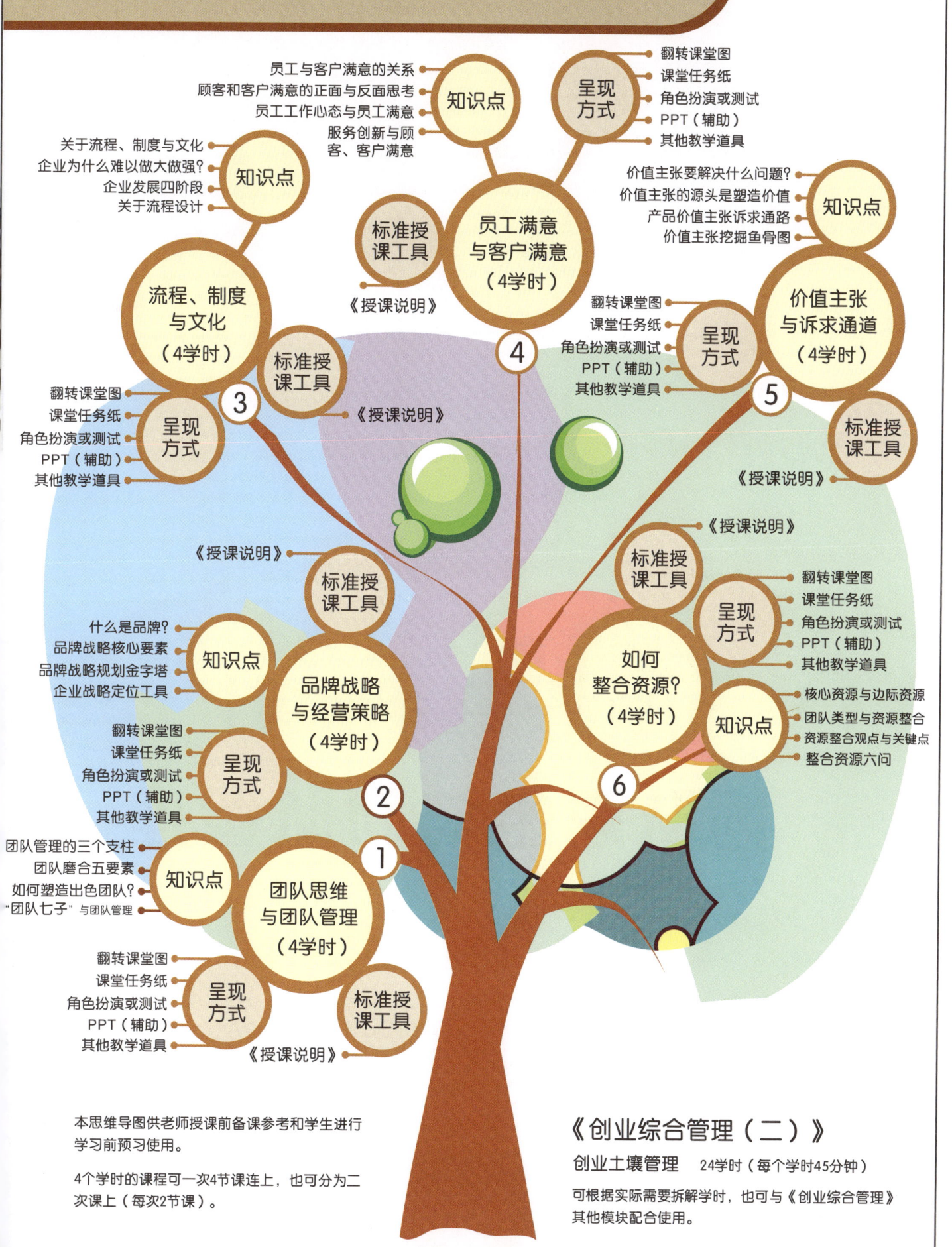

4. 员工满意与客户满意（4学时）

知识点
- 员工与客户满意的关系
- 顾客和客户满意的正面与反面思考
- 员工工作心态与员工满意
- 服务创新与顾客、客户满意

呈现方式
- 翻转课堂图
- 课堂任务纸
- 角色扮演或测试
- PPT（辅助）
- 其他教学道具

标准授课工具
《授课说明》

3. 流程、制度与文化（4学时）

知识点
- 关于流程、制度与文化
- 企业为什么难以做大做强？
- 企业发展四阶段
- 关于流程设计

呈现方式
- 翻转课堂图
- 课堂任务纸
- 角色扮演或测试
- PPT（辅助）
- 其他教学道具

标准授课工具
《授课说明》

5. 价值主张与诉求通道（4学时）

知识点
- 价值主张要解决什么问题？
- 价值主张的源头是塑造价值
- 产品价值主张诉求通路
- 价值主张挖掘鱼骨图

呈现方式
- 翻转课堂图
- 课堂任务纸
- 角色扮演或测试
- PPT（辅助）
- 其他教学道具

标准授课工具
《授课说明》

2. 品牌战略与经营策略（4学时）

知识点
- 什么是品牌？
- 品牌战略核心要素
- 品牌战略规划金字塔
- 企业战略定位工具

呈现方式
- 翻转课堂图
- 课堂任务纸
- 角色扮演或测试
- PPT（辅助）
- 其他教学道具

标准授课工具
《授课说明》

6. 如何整合资源？（4学时）

知识点
- 核心资源与边际资源
- 团队类型与资源整合
- 资源整合观点与关键点
- 整合资源六问

呈现方式
- 翻转课堂图
- 课堂任务纸
- 角色扮演或测试
- PPT（辅助）
- 其他教学道具

标准授课工具
《授课说明》

1. 团队思维与团队管理（4学时）

知识点
- 团队管理的三个支柱
- 团队磨合五要素
- 如何塑造出色团队？
- "团队七子"与团队管理

呈现方式
- 翻转课堂图
- 课堂任务纸
- 角色扮演或测试
- PPT（辅助）
- 其他教学道具

标准授课工具
《授课说明》

本思维导图供老师授课前备课参考和学生进行学习前预习使用。

4个学时的课程可一次4节课连上，也可分为二次课上（每次2节课）。

《创业综合管理（二）》

创业土壤管理　24学时（每个学时45分钟）

可根据实际需要拆解学时，也可与《创业综合管理》其他模块配合使用。

创业综合管理（二）
创业土壤管理 之 1

团队思维与团队管理

团队思维与团队管理

创业综合管理（二）创业土壤管理之 1

• 情景式翻转课堂图 •

A 螃蟹引发的团队思考

一群螃蟹放在一个篓子里，连盖子都不用盖，也不用担心他们爬出来。为什么呢？

B 从一支铅笔看团队

- B1 雪松
- B2 油漆
- B3 石墨
- B4 金属环
- B5 润滑油膏
- B6 橡皮擦
- B7 石蜡
- B8 胶黏剂

C 团队管理的三个支柱

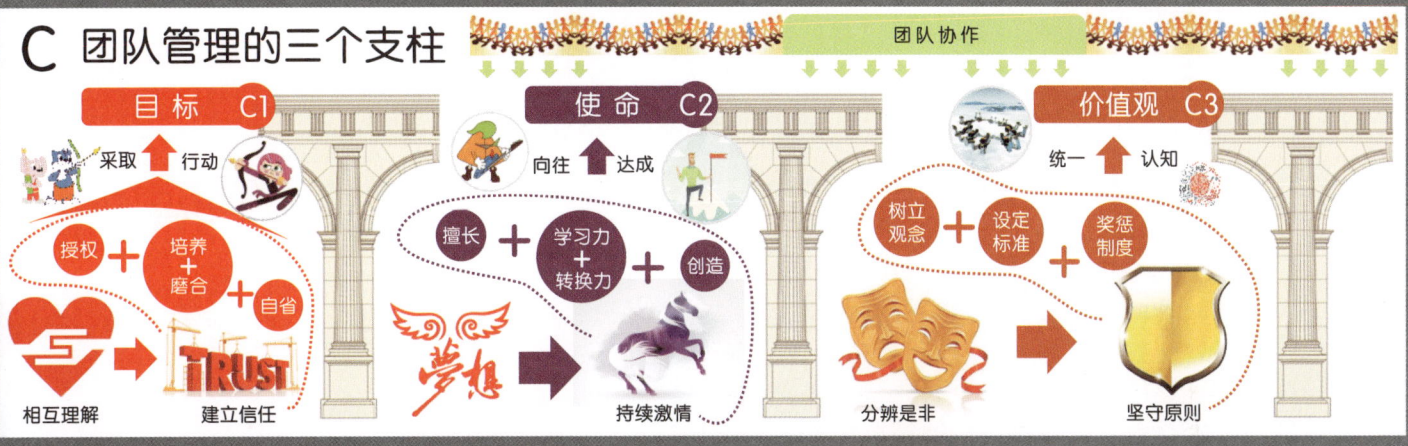

团队协作

目标 C1：采取 ↑ 行动
授权 + 培养+磨合 + 自省
相互理解　建立信任 TRUST

使命 C2：向往 ↑ 达成
擅长 + 学习力+转换力 + 创造
梦想 → 持续激情

价值观 C3：统一 ↑ 认知
树立观念 + 设定标准 + 奖惩制度
分辨是非　坚守原则

D 团队磨合五要素

- D1 沟通
- D2 信任
- D3 慎重
- D4 换位
- D5 快乐

E 什么是强大的团队？

- E1 强大的思维：让老大操心，是我们无能！
- E2 承认自己有不足
- E3 彼此之间有了默契的结果

F 如何塑造出色的团队？

- F1 超越寻常：实现超越寻常目标的动力促使自己超越寻常，达到卓越。拒绝平庸，激发潜能，出类拔萃。 
- F2 自动自发：自我组织，自我管理，有能力决定如何开展工作。
- F3 多功能：具备完成项目的所有技能：计划、设计、生产、销售、分销。团队成员相互学习，相互提高。 

G "团队七子"与团队管理

- G1 位子（位置）
- G2 票子（薪酬） 
- G3 梳子（分工） 
- G4 梯子（升降）
- G5 尺子（考核标准）
- G6 才子（人才选/用/留） 
- G7 金子（培训增值）

任务可团队分工完成，也可个人独立完成；可直接写在任务纸上，也可在自行准备的练习本上完成（注明任务名称）。

《团队思维与团队管理》翻转课堂情景图任务 A

时间TIME：
　年　月　日

2学时

个人姓名：　　　　　团队名称：　　　　　任务名称：

实到团队成员：

迟到团队成员：

旷课团队成员：　　　　　请假团队成员：

情景图任务的参考答案线索和思路都隐含在情景图和任务纸中，请灵活掌握。线索和思路不是标准答案，仅起到参考和抛砖引玉的作用。《授课说明》和课件PPT非学习必备配套，没有亦不影响使用。

螃蟹引发的团队思考
参照《团队思维与团队管理》情景图A，完成以下任务并翻转课堂：

一群螃蟹放在一个篓子里，连盖子都不用盖，也不用担心他们爬出来。为什么？

谁也别想出去！

从一支铅笔看团队
参照《团队思维与团队管理》情景图B中的B1-B7，完成以下任务并翻转课堂：

请根据下图"一支铅笔的构成"，解析所在团队的不同成员，对应不同的铅笔部件，如没有适合的对应人员，则在相应的团队成员姓名处写"暂时空缺"。

金属环
对应的团队成员姓名：
该成员在团队中起的作用：

油漆
对应的团队成员姓名：
该成员在团队中起的作用：

石墨
对应的团队成员姓名：
该成员在团队中起的作用：

雪松
对应的团队成员姓名：
该成员在团队中起的作用：

橡皮擦
对应的团队成员姓名：
该成员在团队中起的作用：

石蜡
对应的团队成员姓名：
该成员在团队中起的作用：

胶黏剂
对应的团队成员姓名：
该成员在团队中起的作用：

润滑油膏
对应的团队成员姓名：
该成员在团队中起的作用：

团队管理的三个支柱

参照《团队思维与团队管理》情景图C中的C1-C3，完成以下任务并翻转课堂：

1、团队管理第一个支柱：目标，根据右下图多角度举例阐述你的见解。

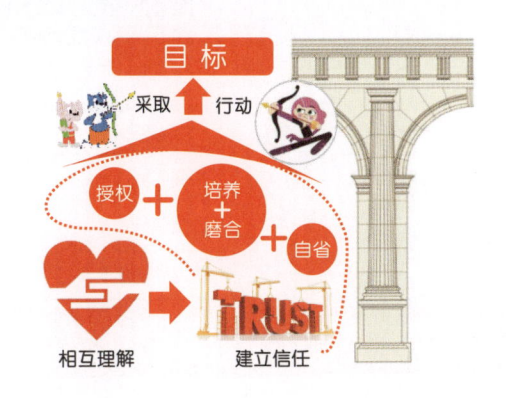

2、团队管理第二个支柱：使命，根据右下图多角度举例阐述你的见解。

3、团队管理第三个支柱：价值观，根据右下图多角度举例阐述你的见解。

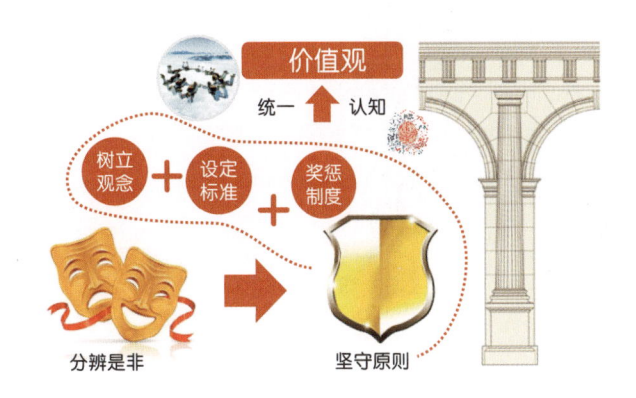

4、多角度举例阐述：团队协作与团队管理三个支柱的关系。

学习心得

根据任务的难度和完成的质量、数量、创新性、相关性、匹配程度等，给予具体评分： 90-99、80-89、70-79、60-69、50-59、40-49、30-39、0-29。未做任务者计0分。

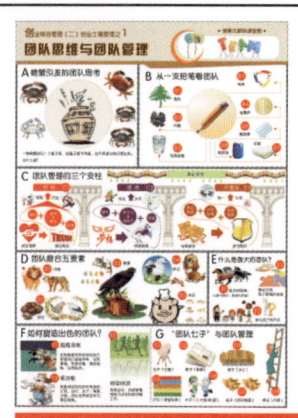

《团队思维与团队管理》翻转课堂情景图任务 B

时间TIME：年 月 日

2学时

任务可团队分工完成，也可个人独立完成；可直接写在任务纸上，也可在自行准备的练习本上完成（注明任务名称）。

个人姓名：　　　　　团队名称：　　　　　任务名称：

实到团队成员：

迟到团队成员：

旷课团队成员：　　　　　请假团队成员：

情景图任务的参考答案线索和思路都隐含在情景图和任务纸中，请灵活掌握。线索和思路不是标准答案，仅起到参考和抛砖引玉的作用。《授课说明》和课件PPT非学习必备配套，没有亦不影响使用。

团队磨合五要素

参照《团队思维与团队管理》情景图D中的D1-D5，完成以下任务并翻转课堂：

1、参考左图讲述一个关于沟通的故事，并写出自己的见解。

沟通

2、参考左图讲述一个关于信任的故事，并写出自己的见解。

信任

3、参考左图讲述一个关于慎重的故事，并写出自己的见解。

慎重

4、参考左图讲述一个关于换位的故事，并写出自己的见解。

换位

5、参考左图讲述一个关于快乐的故事，并写出自己的见解。

快乐

什么是强大的团队？

参照《团队思维与团队管理》情景图E中的E1-E3，完成以下任务并翻转课堂：

多角度举例阐述对以下三句话的理解：
"强大的团队有一个很强大的思维就是：让老大操心，是我们无能！" "强大的团队成员之间都能坦然承认自己的不足" "强大的团队就是彼此之间有了默契的结果"

如何塑造出色的团队？
参照《团队思维与团队管理》情景图F中的F1-F3，完成以下任务并翻转课堂：

请根据下图线索，对照自己的团队，看看自己的团队具备了哪几个，并多角度举例阐述。

超越寻常
实现超越寻常目标的动力促使自己超越寻常，达到卓越。拒绝平庸，激发潜能，出类拔萃。

自动自发
自我组织，自我管理，有能力决定如何开展工作。

多功能
具备完成项目的所有技能：计划、设计、生产、销售、分销。团队成员相互学习，相互提高。

"团队七子"与团队管理
参照《团队思维与团队管理》情景图G中的G1-G7，完成以下任务并翻转课堂：

根据下图线索，对照自己的团队，看看自己的团队具备了哪几个？是否做到位？是否发挥了最大效能？请多角度举例阐述。

位子（位置）  　 票子（薪酬）  　 梳子（分工）  　 尺子（考核标准）  　 才子（人才选/用/留）  　 金子（培训增值）  　 梯子（升降）

学习心得

根据任务的难度和完成的质量、数量、创新性、相关性、匹配程度等，给予具体评分： 90-99、80-89、70-79、60-69、50-59、40-49、30-39、0-29。未做任务者计0分。

创业综合管理（二）
创业土壤管理 之 2

品牌战略与经营策略

创业综合管理（二）创业土壤管理之 2
品牌战略与经营策略

·情景式翻转课堂图·

A 什么是品牌？
- A1 品牌是一种归属
  - 为谁设计？为谁服务？为谁拥有？
- A2 品牌是一种承诺
  - 信任和偏好
- A3 品牌是一种联想
  - 一看到它就想到什么
- A4 品牌满足的是一种需求
  - （思考：品牌是让人感觉占便宜还是有价值？）

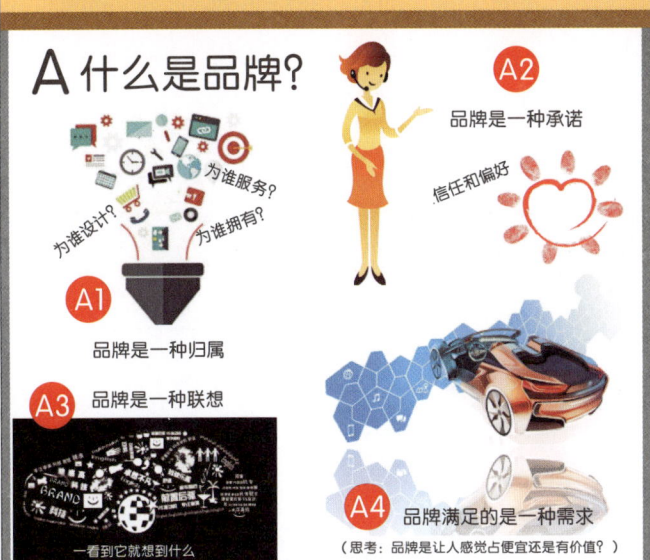

B 消费者的三种感觉与产品的三个层次
- B1 消费者的三种感觉层次
  - 感觉亏欠
  - 感觉满足
  - 感觉舒服
- B2 以毛巾为例看产品的三个层次
  - 某奢侈品牌的碳竹纤维毛巾 → 感觉欲望
  - 碳竹纤维毛巾 → 满足需求
  - 普通毛巾 → 满足需要

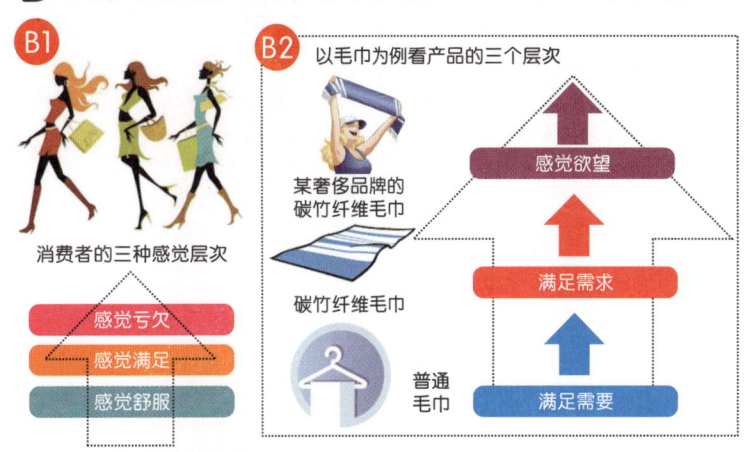

C 品牌战略核心要素
- C1 品牌定位和承诺
- C2 目标客户/目标用户/目标消费者/目标顾客 核心需求洞察
- C3 差异化产品/服务
- C4 品牌识别 建立能够长期认知和感受的一个完整的品牌体系
- C5 品牌形象 消费者对品牌的沟通和感觉
- C6 品牌沟通模式

D 品牌战略规划金字塔
精神 ←→ 物质
- 品牌核心价值
- 品牌个性
- 品牌主张
- 品牌目标消费群
- 品牌名称
- 产品与产品名称

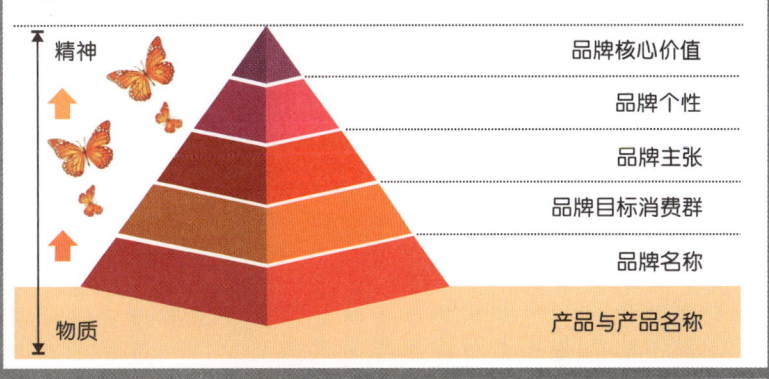

E 品牌战略蝶式思考模式
- E1 品牌基因
- E2 商业环境
- E3 消费环境
- E4 文化环境
- E5 品牌主张
- E6 顾客画像
- E7 品牌创意
- E8 品牌写真
- E9 品牌利益
- E10 品牌检测
- E11 品牌推广
- E12 品牌资产
- E13 品牌保鲜

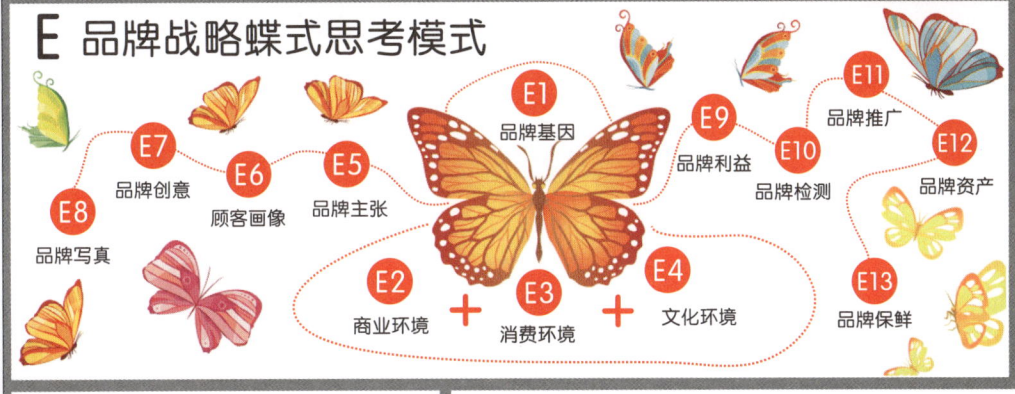

F 品牌独特利益漏斗
- 品牌属性
- 品牌功能利益
- 品牌情感利益
- 品牌个性
- 品牌核心价值
- 品牌独特利益点

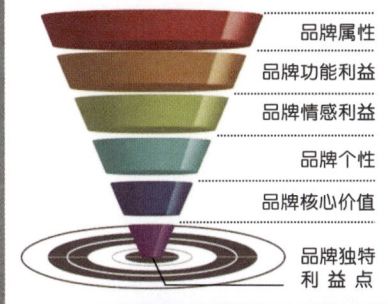

G 企业战略定位工具
- 消费者需求
- 竞争对手没有满足的需求
- 企业比较性竞争优势（资源支持）
- 战略 目标：打造核心竞争力
- 产品塑造：高品质、高颜值、价格还让人尖叫

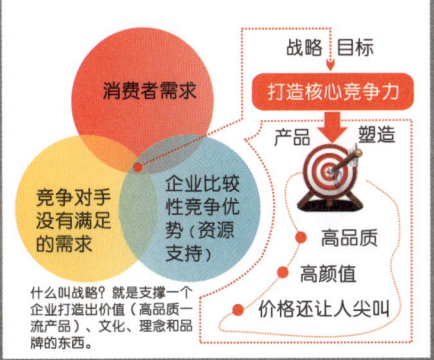

什么叫战略？就是支撑一个企业打造出价值（高品质一流产品）、文化、理念和品牌的东西。

H 商业经营之"壶口"策略
策略的作用是将战略和战术连接起来，战略是面、策略是线、战术是点。

黄河干流上最窄的峡谷叫野狐峡，位于青海省同德、贵南县境。左岸为高四五十米的石梁，右岸为高达数百米的峭壁，河宽仅十余米，从峡底仰视，仅见一线青天。

黄河河道最宽的河段为河南省孟津县白鹤镇至山东省东明县高村河段，两岸堤距宽5公里~20公里。最宽处为河南长垣县大车集，两岸相距20公里。

1997年6月1日13：19分7秒台湾柯受良驾车成功飞越55米的黄河壶口。商业经营就是在产品和顾客之间搭建桥梁，黄河野狐峡两岸落差太大不适合建桥，黄河下游太宽建桥成本太高，只有黄河壶口建桥是最经济的、效率最高的，但很多企业都没有找到壶口。

《品牌战略与经营策略》翻转课堂情景图任务 A

时间TIME：年 月 日　2学时

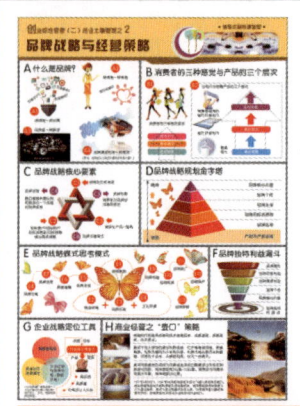

任务可团队分工完成，也可个人独立完成；可直接写在任务纸上，也可在自行准备的练习本上完成（注明任务名称）。

个人姓名：　　　　团队名称：　　　　任务名称：

实到团队成员：

迟到团队成员：

旷课团队成员：　　　　请假团队成员：

情景图任务的参考答案线索和思路都隐含在情景图和任务纸中，请灵活掌握。线索和思路不是标准答案，仅起到参考和抛砖引玉的作用。《授课说明》和课件PPT非学习必备配套，没有亦不影响使用。

什么是品牌？
参照《品牌战略与经营策略》情景图A中的A1-A4，完成以下任务并翻转课堂：

1、多角度举例阐述：为什么说品牌是一种归属？

3、多角度举例阐述：为什么说品牌是一种联想？

2、多角度举例阐述：为什么说品牌是一种承诺？

3、多角度举例阐述：为什么说品牌满足的是一种需求？

消费者的三种感觉与产品的三个层次
参照《品牌战略与经营策略》情景图B中的B1、B2，完成以下任务并翻转课堂：

1、多角度举例阐述：消费者面对品牌和产品有哪三种感觉层次？

2、多角度举例阐述：产品解决消费者的问题有哪三个层次？

品牌核心战略要素

参照《品牌战略与经营策略》情景图C中的C1-C6，完成以下任务并翻转课堂：

1、多角度举例阐述：你和你所在团队项目的品牌定位和承诺是什么？

2、多角度举例阐述：你和你所在团队项目的目标消费群的核心需求是什么？

3、多角度举例阐述：你和你所在团队项目如何提供差异化的产品或服务？

4、多角度举例阐述：你和你所在团队项目如何进行品牌识别？

5、多角度举例阐述：评估一下你和你所在团队项目品牌形象，或设计自己的品牌形象。

6、多角度举例阐述：你和你所在团队项目采用什么样的品牌沟通模式？

学习心得

根据任务的难度和完成的质量、数量、创新性、相关性、匹配程度等，给予具体评分： 90-99、80-89、70-79、60-69、50-59、40-49、30-39、0-29。未做任务者计0分。

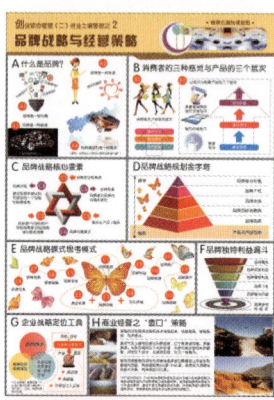

《品牌战略与经营策略》翻转课堂情景图任务 B

时间TIME: 年 月 日　2学时

任务可团队分工完成，也可个人独立完成；可直接写在任务纸上，也可在自行准备的练习本上完成（注明任务名称）。

个人姓名：　　　团队名称：　　　任务名称：

实到团队成员：

迟到团队成员：

旷课团队成员：　　　请假团队成员：

情景图任务的参考答案线索和思路都隐含在情景图和任务纸中，请灵活掌握。线索和思路不是标准答案，仅起到参考和抛砖引玉的作用。《授课说明》和课件PPT非学习必备配套，没有亦不影响使用。

品牌战略规划金字塔
参照《品牌战略与经营策略》情景图D，完成以下任务并翻转课堂：

精神 ↑ 物质

- 品牌核心价值
- 品牌个性
- 品牌主张
- 品牌目标消费群
- 品牌名称
- 产品与产品名称

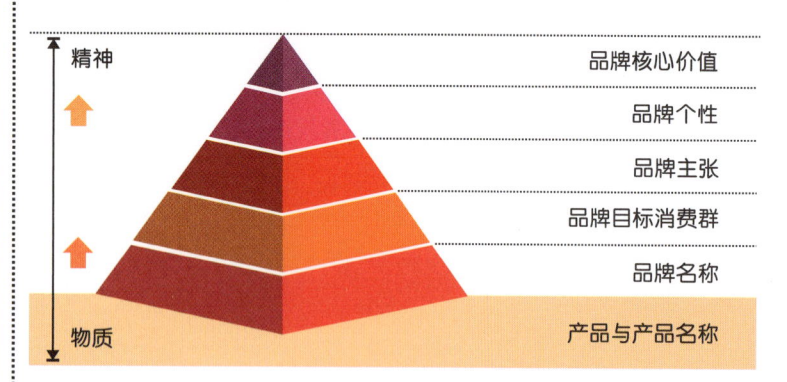

参照左图，对你和你所在的团队项目进行品牌战略规划。

品牌战略蝶式思考模式
参照《品牌战略与经营策略》情景图E中的E1-E13，完成以下任务并翻转课堂：

1、多角度举例阐述：你和你所在团队项目的品牌基因是什么？

2、在13个"品牌战略模式思考点"中，找出你认为最重要的3个进行多角度举例阐述：如何打造品牌？

品牌独特利益漏斗

参照《品牌战略与经营策略》情景图F，完成以下任务并翻转课堂：

多角度举例阐述：你和你所在团队项目品牌的独特利益点是什么？如何通过"品牌独特利益漏斗"提炼？

- 品牌属性
- 品牌功能利益
- 品牌情感利益
- 品牌个性
- 品牌核心价值
- 品牌独特利益点

企业战略定位工具

参照《品牌战略与经营策略》情景图G，完成以下任务并翻转课堂：

1、多角度举例阐述：什么是战略？

2、多角度举例阐述：右图的三个色块分别代表什么？三个色块的重叠处意味着什么？

- 消费者需求
- 竞争对手没有满足的需求
- 企业比较性竞争优势（资源支持）

商业经营之"壶口"策略

参照《品牌战略与经营策略》情景图H，完成以下任务并翻转课堂：

1、多角度举例阐述：什么是商业经营的"壶口"策略？

2、多角度举例阐述：如何制订你和你所在团队项目的"壶口"策略？

学习心得

根据任务的难度和完成的质量、数量、创新性、相关性、匹配程度等，给予具体评分： 90-99、80-89、70-79、60-69、50-59、40-49、30-39、0-29。未做任务者计0分。

创业综合管理（二）
创业土壤管理 之 3
流程、制度与文化

创业综合管理（二）创业土壤管理之 3
流程、制度与文化

・情景式翻转课堂图・

A 什么是流程？
流程就是做事的优先顺序，第一步、第二步、第三步，如何做？什么时间做？做到什么程度？

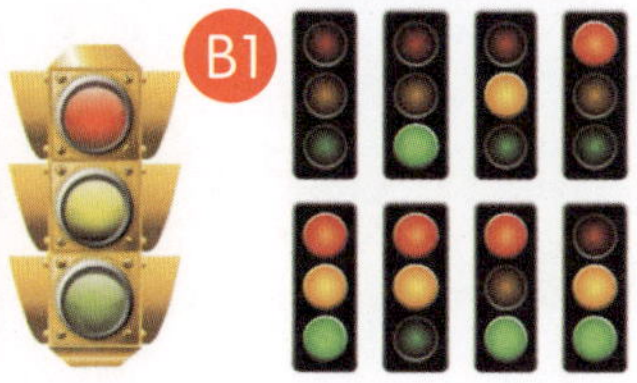

B 什么是制度？
制度就是这件事情做好了我怎么奖励你，做不好我怎么惩罚你。

C 什么是文化？
建设企业文化有一个规律：正面文化一旦建好了，糟糕的文化就不容易滋生。

D 企业为什么难以做大做强？
- D1 无法快速复制人才
- D2 在战略上不够专注
- D3 缺乏一套优质的执行工具
- D4 制度上的保障不利

E 流程、制度、文化与企业发展四阶段
- E1 第一阶段：靠能人和经验
- E2 第二阶段：80%的流程+20%的制度
- E3 第三阶段：用文化保证人人都想做
- E4 第四阶段：流程优化 制度简化 文化升华

F 流程、制度、文化与员工状态
F1 企业存在的一些问题
- 短：短视，不会考虑到5年-10年以后
- 平：打折、低价，利润不高
- 快：见利忘义 快速出手 不计后果

F2 员工三种状态
- 卖嘴：说得多 做得少 执行不到位
- 卖力：执行力很强
- 卖命：有使命感

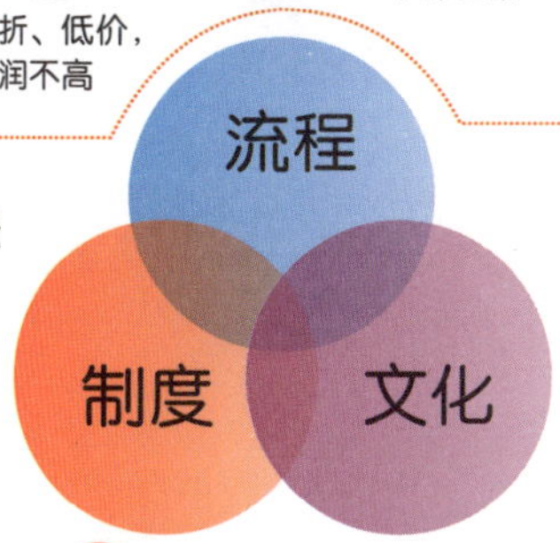

F3 哪个环节不足最容易出问题？

（流程、制度、文化）

G 从打领带看流程设计
打领带的步骤：（1）套，套在脖子上；（2）绕，把领带在脖子上左绕右绕，有的人绕一圈，有的人绕2、3圈；（3）穿，穿出来；（4）整，三分打，七分整。

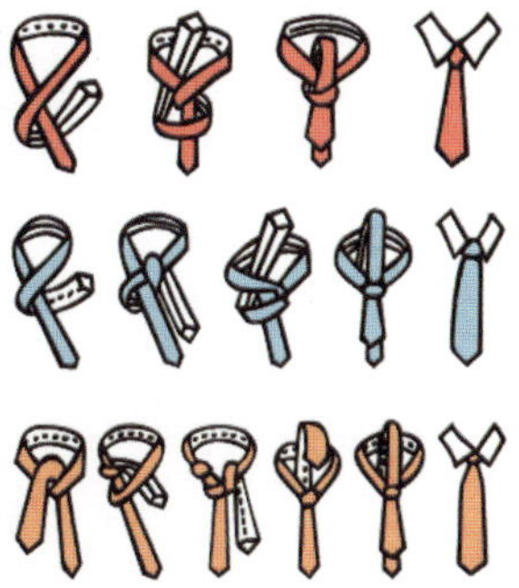

H 带小团队流程设计
- H1 第一步：我做，你看
- H2 第二步：你做，我看
- H3 第三步：我再做，你再看
- H4 第四步：你再做，我再看
- H5 第五步：最后你来干

《流程、制度与文化》翻转课堂情景图任务 A

时间TIME： 年 月 日

2学时

任务可团队分工完成，也可个人独立完成；可直接写在任务纸上，也可在自行准备的练习本上完成（注明任务名称）。

个人姓名： 团队名称： 任务名称：

实到团队成员：

迟到团队成员：

旷课团队成员： 请假团队成员：

情景图任务的参考答案线索和思路都隐含在情景图和任务纸中，请灵活掌握。线索和思路不是标准答案，仅起到参考和抛砖引玉的作用。《授课说明》和课件PPT非学习必备配套，没有亦不影响使用。

什么是流程？

参照《流程、制度与文化》情景图A中的A1、A2，完成以下任务并翻转课堂：

1、多角度举例阐述：什么是流程？流程要解决什么问题？

2、多角度举例阐述：有人把企业和项目流程比喻为开车时使用的导航仪，你是怎么看的？

什么是制度？

参照《流程、制度与文化》情景图B中的B1、B2，完成以下任务并翻转课堂：

1、多角度举例阐述：什么是制度？制度是多好还是少好？

2、多角度举例阐述：有人把企业制度比喻为红绿灯和电子眼，你是怎么看的？

3、多角度举例阐述：是流程的力量大还是制度的力量大？为什么？

什么是文化？ 参照《流程、制度与文化》情景图C中的C1、C2，完成以下任务并翻转课堂：

1、多角度举例阐述：有人把企业文化比喻为开车的心情，你是怎么看的？

2、"建设企业文化有一个规律：正面文化一旦建好了，糟糕的文化就不容易滋生。"结合团队和项目实际情况，多角度举例阐述你对这句话是如何理解的？

企业为什么难以做大做强？ 参照《流程、制度与文化》情景图D中的D1-D4，完成以下任务并翻转课堂：

1、多角度举例阐述：企业无法快速复制人才是企业难以做大做强的原因之一，企业无法快速复制人才最大的症结在哪里？

2、多角度举例阐述：战略上不专注是企业难以做大做强的原因之一，企业战略上不专注直接带来哪些后果？

3、"缺乏一套优质的执行工具就是：你用汉阳造时，别人用冲锋枪；你用冲锋枪时，别人用火箭炮；你用火箭炮时，别人已经用上精确制导导弹了！"结合团队、项目和企业自身情况，多角度举例阐述你对这句话是如何理解的？为什么缺乏一套优质的执行工具是企业难以做大做强的原因之一？

4、多角度举例阐述：制度上保障不利是企业难以做大做强的原因之一，企业制度上保障不利有哪些典型表现？

学习心得

根据任务的难度和完成的质量、数量、创新性、相关性、匹配程度等，给予具体评分： 90-99、80-89、70-79、60-69、50-59、40-49、30-39、0-29。未做任务者计0分。

《流程、制度与文化》翻转课堂情景图任务 B

时间TIME：
年 月 日
2学时

任务可团队分工完成，也可个人独立完成；可直接写在任务纸上，也可在自行准备的练习本上完成（注明任务名称）。

个人姓名：　　　　　　　　团队名称：　　　　　　　　任务名称：

实到团队成员：

迟到团队成员：

旷课团队成员：　　　　　　　　请假团队成员：

情景图任务的参考答案线索和思路都隐含在情景图和任务纸中，请灵活掌握。线索和思路不是标准答案，仅起到参考和抛砖引玉的作用。《授课说明》和课件PPT非学习必备配套，没有亦不影响使用。

流程、制度、文化与企业发展四阶段

参照《流程、制度与文化》情景图E中的E1-E4，完成以下任务并翻转课堂：

第一阶段：靠能人和经验

第二阶段：80%的流程+20%的制度

第三阶段：用文化保证人人都想做

第四阶段：流程优化、制度简化、文化升华

1、多角度举例阐述：你的团队和企业处于哪个发展阶段？有哪些特点？存在着哪些不足？最需要改进的环节是什么？

2、多角度举例阐述：企业流程优化、制度简化、文化升华主要从什么地方入手？

从打领带看流程设计

参照《流程、制度与文化》情景图G，完成以下任务并翻转课堂：

1、各团队代表拿领带在现场比赛打领带，看打好标准规范的领带最短用时是多少？并总结出步骤。

2、你所在团队和企业最重要的流程是什么？简明阐述步骤。

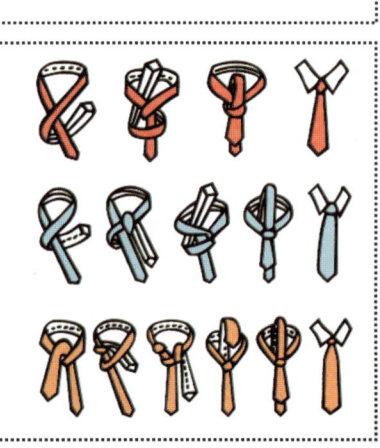

流程、制度、文化与员工状态 参照《流程、制度与文化》情景图F中的F1-F3，完成以下任务并翻转课堂：

1、多角度举例阐述：企业存在的短、平、快问题，与流程、制度和文化有哪些关联性？

2、多角度举例阐述：员工卖嘴、卖力、卖命的三种状态，与流程、制度和文化有哪些关联性？

3、多角度举例阐述：流程、制度、文化，哪个环节最弱最容易出问题？

带小团队流程设计？ 参照《流程、制度与文化》情景图H中的H1-H5，完成以下任务并翻转课堂：

第一步：我做，你看 　　第二步：你做，我看 　　第三步：我再做，你再看 　　第四步：你再做，我再看 　　第五步：最后你来干

1、团队领头人选择一个动作教团队成员，看各团队成员多少时间能学会。

2、简明阐述以上教与学的步骤，并书面记录下来。

学习心得

根据任务的难度和完成的质量、数量、创新性、相关性、匹配程度等，给予具体评分： 90-99、80-89、70-79、60-69、50-59、40-49、30-39、0-29。未做任务者计0分。

创业综合管理（二）
创业土壤管理 之 4

员工满意与客户满意

创业综合管理（二）创业土壤管理之 4
员工满意与客户满意

·情景式翻转课堂图·

A 员工与客户满意的关系

A1 客户是左手 员工是右手

A2 关爱客户和员工 市场就会对你倍加关爱

A3 员工满意度每提高3% 顾客满意度就提高5% 利润可增加25%-85%

A4 员工满意度达到80% 平均利润率增长要高出同行业其他公司20%左右

B 顾客和客户满意的正面思考

B1 如果员工不满意 顾客和客户就不可能是上帝

B2 172法则：10%的顾客和客户是上帝，70%的顾客和客户要成为他们的上帝，剩下的20%怎么办？

B3 没有顾客和客户满意度 就没有顾客和客户忠诚度

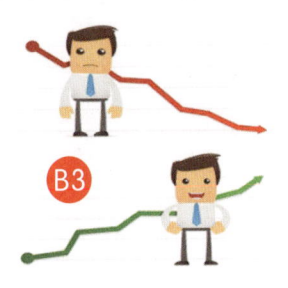

B4 顾客和客户满意 VS 顾客和客户惊喜

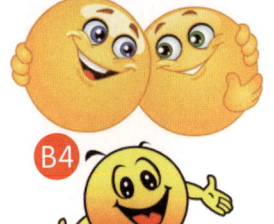

C 顾客和客户满意的反面思考

C1 避开"人人满意"的陷阱，企图让所有人满意，结果只会让所有人都不满意。

C2 企图占据所有市场，只会失掉所有市场。

D 员工工作心态与员工满意

D1 你手中的工作是自己的孩子还是别人的孩子？

D2 如果你是自己的老板，你对自己的工作表现满意吗？

D3 你是老板给别人发薪水，你觉得会给那么多吗？

E 企业要有服务意识和服务理念

E1 服务就是100%满意

E2 服务是创造共鸣点

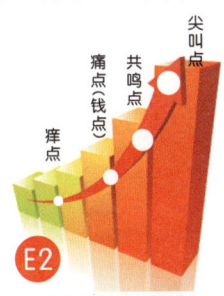

E3 服务是真正的品牌

E4 服务就是和期望值赛跑

E5 主动服务胜过被动服务

F 服务创新与顾客、客户满意

F1 要认真把握顾客对服务的期望

F2 用顾客的抱怨改进自身的缺陷

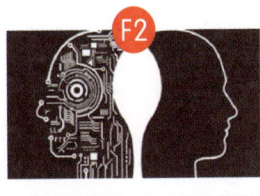

F3 保持服务弹性 满足不同客户的期望

F4 随客户价值观念演变创新服务的内容

F5 产品设计要与服务体系结合

F6 有求必应要与主动服务结合

F7 服务至上要与合理约束顾客期望结合

67

任务可团队分工完成，也可个人独立完成；可直接写在任务纸上，也可在自行准备的练习本上完成（注明任务名称）。

《员工满意与客户满意》翻转课堂情景图任务 A

时间TIME：　年　月　日

2学时

个人姓名：　　　　　团队名称：　　　　　任务名称：

实到团队成员：

迟到团队成员：

旷课团队成员：　　　　　请假团队成员：

情景图任务的参考答案线索和思路都隐含在情景图和任务纸中，请灵活掌握。线索和思路不是标准答案，仅起到参考和抛砖引玉的作用。《授课说明》和课件PPT非学习必备配套，没有亦不影响使用。

员工与客户满意的关系
参照《员工满意与客户满意》情景图A中的A1-A4，完成以下任务并翻转课堂：

1、多角度举例阐述：你认为客户和员工哪个是左手，哪个是右手？为什么？

2、你对"关爱客户和员工，市场就会对你倍加关爱"这句话是如何理解的？你所在的团队和企业是如何做的？

3、多角度举例阐述：员工满意和顾客满意能创造生产力吗？为什么？

4、多角度举例阐述：员工满意和企业的竞争力有关联性吗？为什么？

顾客和客户满意的正面思考-1
参照《员工满意与客户满意》情景图B中的B1、B2，完成以下任务并翻转课堂：

1、多角度举例阐述：
为什么说员工不满意，顾客和客户就不可能成为上帝？

2、多角度举例阐述：什么是172法则，你所在团队服务顾客或客户的时候采用了哪些具体方法？实施效果如何？

顾客和客户满意的正面思考-2
参照《员工满意与客户满意》情景图B中的B3、B4，完成以下任务并翻转课堂：

1、多角度举例阐述：顾客、客户满意度和忠诚度之间有什么关联性？你所在团队和企业有多少忠诚的顾客和客户？是如何做到的？

2、多角度举例阐述：让顾客和客户满意，与让顾客和客户惊喜，哪个更有力量更有价值？为什么？

顾客和客户满意的反面思考
参照《员工满意与客户满意》情景图C中的C1、C2，完成以下任务并翻转课堂：

1、"企图让所有人满意，结果只会让所有人都不满意。"多角度举例阐述：你对这句话是如何理解的？

2、多角度举例阐述：你所在团队和企业里面能真正创造价值的成员和员工有哪些特点？他们面临的工作压力程度如何？管理者对他们的体谅程度如何？

学习心得

根据任务的难度和完成的质量、数量、创新性、相关性、匹配程度等，给予具体评分： 90-99、80-89、70-79、60-69、50-59、40-49、30-39、0-29。未做任务者计0分。

任务可团队分工完成，也可个人独立完成；可直接写在任务纸上，也可在自行准备的练习本上完成（注明任务名称）。

《员工满意与客户满意》翻转课堂情景图任务 B

时间TIME：　年　月　日

2学时

个人姓名：　　　　　团队名称：　　　　　任务名称：

实到团队成员：

迟到团队成员：

旷课团队成员：　　　　　　　　　请假团队成员：

情景图任务的参考答案线索和思路都隐含在情景图和任务纸中，请灵活掌握。线索和思路不是标准答案，仅起到参考和抛砖引玉的作用。《授课说明》和课件PPT非学习必备配套，没有亦不影响使用。

员工工作心态与员工满意
参照《员工满意与客户满意》情景图D中的D1-D3，完成以下任务并翻转课堂：

1、多角度举例阐述：你手中的工作是自己的孩子还是别人的孩子？

2、多角度举例阐述：如果你是自己的老板，你对自己的工作表现满意吗？

3、多角度举例阐述：你是老板给别人发薪水，你觉得会给那么多吗？为什么？

企业要有服务意识和服务理念-1
参照《员工满意与客户满意》情景图E中的E1、E2，完成以下任务并翻转课堂：

1、多角度举例阐述：顾客和客户对企业服务的满意和非常满意如何界定？服务如何做到100%满意？

2、多角度举例阐述：在痒点、痛点、共鸣点和尖叫点当中，服务是与哪个匹配的？

企业要有服务意识和服务理念-2
参照《员工满意与客户满意》情景图E中的E3-E5，完成以下任务并翻转课堂：

1、多角度举例阐述：如果让你在做好服务和建好品牌之间选一个，你会选择哪个？为什么？

2、多角度举例阐述：如何做到在不降低服务质量的前提下降低客户期望值？

3、多角度举例阐述：你所在团队和企业对顾客和客户以提供主动服务为主还是提供被动服务为主？为什么？

服务创新与顾客、客户满意
参照《员工满意与客户满意》情景图F中的F1-F7，完成以下任务并翻转课堂：

1、多角度举例阐述：服务创新有哪些主要内容？

2、多角度举例阐述：在服务创业的主要内容当中，你所在的团队和企业最擅长的一个是什么？是如何做到让顾客和客户满意的？

学习心得

根据任务的难度和完成的质量、数量、创新性、相关性、匹配程度等，给予具体评分：90-99、80-89、70-79、60-69、50-59、40-49、30-39、0-29。未做任务者计0分。

创业综合管理（二）
创业土壤管理 之 5
价值主张与诉求通道

创业综合管理（二）创业土壤管理之 5
价值主张与诉求通道

·情景式翻转课堂图·

A 价值主张来自差异化比较、思考和资源匹配

- **A1** 再优秀的人没有名字，别人也很难记住 ➡ 品牌 
- **A2** 再好的风景，没人知道就不会去 ➡ 宣传与推广 
- **A3** 再近的水井也不如自来水 ➡ 渠道 
- **A4** 授人以鱼不如授人以渔 ➡ 培训 
- **A5** 一个人能干不如一群人能干 ➡ 团队

B 价值主张要解决什么问题？

- **B1** 我们该向客户传递什么样的价值？ 
- **B2** 我们正在帮助客户解决哪些难题？ 
- **B3** 我们正在满足哪些客户需求以及客户的哪些需求？

需求链

C 价值主张的源头是塑造价值

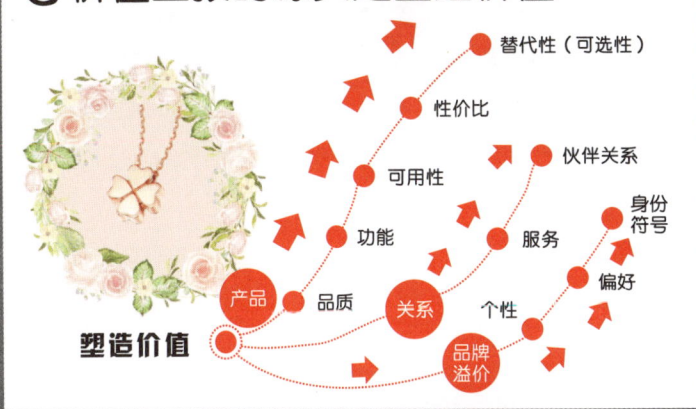

塑造价值 → 产品、品质、关系、个性、品牌溢价 → 替代性（可选性）、性价比、可用性、功能、服务、伙伴关系、身份符号、偏好

D 产品价值主张诉求通路

价值主张：传递价值、获取收益、塑造价值、塑造价值、传递价值
功能价值、表达价值、行业地位、品牌价值、理性感性、体验价值、客户需求、品控价值、市场契合、收入闭环

E 管理理念塑造企业价值屋

- **E1** 成为行业领导者（是否能成为行业前三？）
- **E2** 有独特优势（在某一点上成为绝对权威）
- **E3** 我能做什么？（能给多少人创造价值？）
- **E4** 扩散影响力（能获得多大支持？）
- **E5** 凝聚人才（成就一流团队）

F 价值主张挖掘鱼骨图

- 客户需求挖掘
- 竞争对手未能满足客户的价值点
- 竞争对手给客户的利益最大化价值点
- 竞争对手能满足客户的基本价值点
- 尚未发现的个性化潜在价值点
- 企业能给客户的利益最大化差异点
- 企业能满足客户的差异化价值点
- 客户价值主张

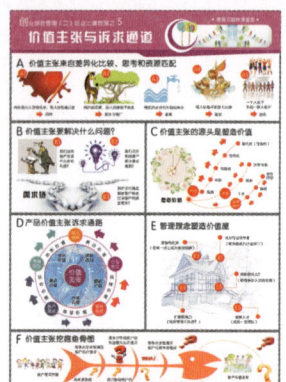

价值主张与诉求通道	任务可团队分工完成，也可个人独立完成；可直接写在任务纸上，也可在自行准备的练习本上完成（注明任务名称）。	《价值主张与诉求通道》翻转课堂情景图任务 A　　时间TIME：　年　月　日　2学时

个人姓名：　　　　　团队名称：　　　　　任务名称：

实到团队成员：

迟到团队成员：

旷课团队成员：　　　　　请假团队成员：

情景图任务的参考答案线索和思路都隐含在情景图和任务纸中，请灵活掌握。线索和思路不是标准答案，仅起到参考和抛砖引玉的作用。《授课说明》和课件PPT非学习必备配套，没有亦不影响使用。

价值主张来自差异化比较、思考和资源匹配　参照《价值主张与诉求通道》情景图A中的A1-A5，完成以下任务：

➡ 品牌　再优秀的人没有名字，别人也很难记住

➡ 宣传与推广　再好的风景，没人知道就不会去

➡ 渠道　再近的水井也不如自来水

➡ 培养　授人以鱼不如授人以渔

➡ 团队　一个人能干不如一群人能干

1、多角度举例阐述：价值主张与差异化比较、思考，以及资源匹配有哪些关联性？

2、根据所在团队和企业项目，拟定一个独特的价值主张。

项目或产品名称：

价值主张：

自身优势条件支持：

独特创新支持：

极致体验支持：

市场与合作氛围：

价值主张要解决什么问题？

参照《价值主张与诉求通道》情景图B中的B1-B3，完成以下任务并翻转课堂：

1、根据团队和企业项目，多角度举例阐述：该向客户传递什么样的价值？

2、根据团队和企业项目，多角度举例阐述：你们正在帮助客户解决哪些难题？

3、根据团队和企业项目，多角度举例阐述：你们有哪些目标客户？主要满足这些客户的哪些需求？

需求链

价值主张的源头是塑造价值

参照《价值主张与诉求通道》情景图C，完成以下任务并翻转课堂：

1、如果你所在团队和企业提出的价值主张是基于产品的，可以从哪几个方面去塑造价值？如何塑造？

2、如果你所在团队和企业提出的价值主张是基于关系的，可以从哪几个方面去塑造价值？如何塑造？

3、如果你所在团队和企业看重的是品牌溢价，可以从哪几个方面去诉求价值主张？

学习心得

根据任务的难度和完成的质量、数量、创新性、相关性、匹配程度等，给予具体评分： 90-99、80-89、70-79、60-69、50-59、40-49、30-39、0-29。未做任务者计0分。

75

《价值主张与诉求通道》翻转课堂情景图任务 **B**

时间TIME：年 月 日　2学时

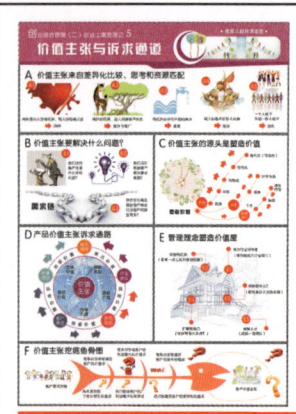

任务可团队分工完成，也可个人独立完成；可直接写在任务纸上，也可在自行准备的练习本上完成（注明任务名称）。

个人姓名：　　　团队名称：　　　任务名称：

实到团队成员：

迟到团队成员：

旷课团队成员：　　　请假团队成员：

情景图任务的参考答案线索和思路都隐含在情景图和任务纸中，请灵活掌握。线索和思路不是标准答案，仅起到参考和抛砖引玉的作用。《授课说明》和课件PPT非学习必备配套，没有亦不影响使用。

产品价值主张诉求通路

参照《价值主张与诉求通道》情景图D，完成以下任务并翻转课堂：

1、参照左图多角度举例阐述：价值主张与诉求通道之间的逻辑关联性

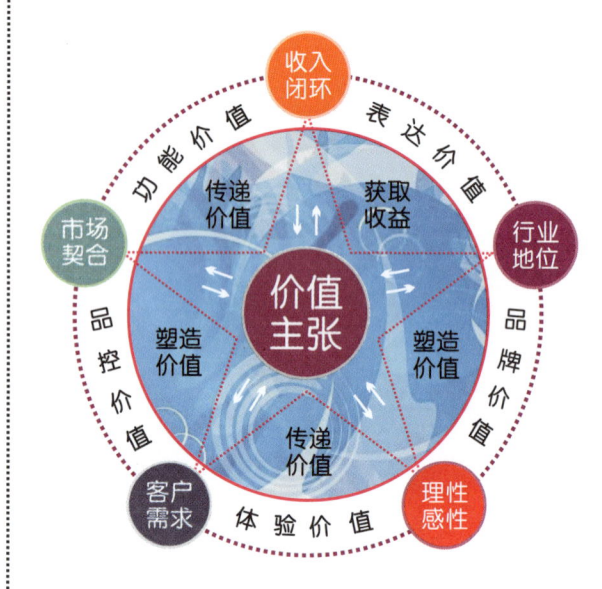

2、根据你所在团队和企业的项目或产品，设计一个完整的价值主张诉求通路方案。

管理理念塑造企业价值屋
参照《价值主张与诉求通道》情景图E中的E1-E5，完成以下任务并翻转课堂：

1、根据团队和企业项目，多角度举例阐述：管理理念塑造企业价值屋有哪些结构层次？

2、根据团队和企业项目，多角度举例阐述：在以上企业价值屋的五个价值点中，你认为你所在的团队和企业最有可能做到的是哪几个？如何做到？

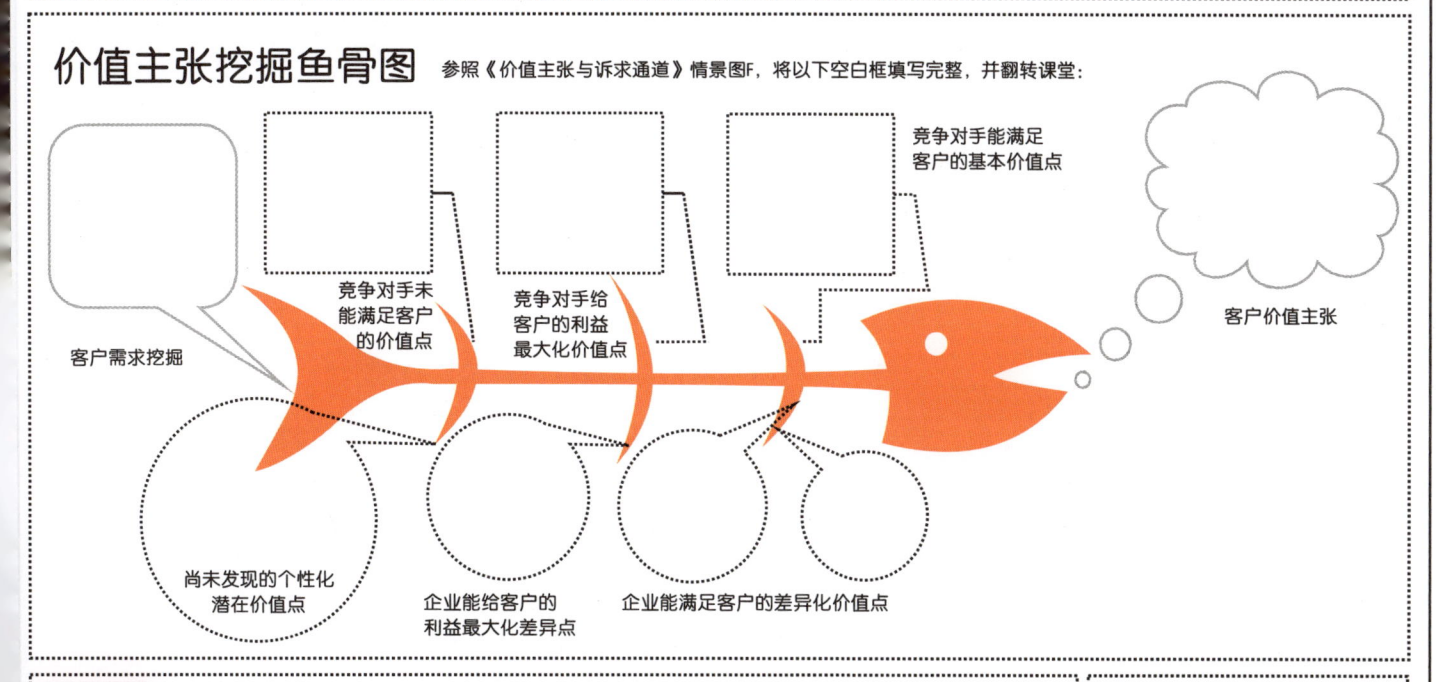

价值主张挖掘鱼骨图
参照《价值主张与诉求通道》情景图F，将以下空白框填写完整，并翻转课堂：

- 竞争对手能满足客户的基本价值点
- 竞争对手未能满足客户的价值点
- 竞争对手给客户的利益最大化价值点
- 客户需求挖掘
- 客户价值主张
- 尚未发现的个性化潜在价值点
- 企业能给客户的利益最大化差异点
- 企业能满足客户的差异化价值点

学习心得

根据任务的难度和完成的质量、数量、创新性、相关性、匹配程度等，给予具体评分：90-99、80-89、70-79、60-69、50-59、40-49、30-39、0-29。未做任务者计0分。

创业综合管理（二）
创业土壤管理 之 6

如何整合资源？

· 情景式翻转课堂图 ·

创业综合管理（二）创业土壤管理之 6
如何整合资源？

A 个人、团队、企业可能拥有的资源有哪些？

- A1 人脉
- A2 资金
- A3 技术
- A4 产品
- A5 项目
- A6 渠道
- A7 金融
- A8 实体
- A9 知识
- A10 人力
- A11 团队
- A12 高手
- A13 媒体
- A14 供应链
- A15 客户
- A16 咨询
- A17 培训
- A18 教育
- A19 智慧
- A20 同业
- A21 跨界 ……

B 个人成功要素与资源

- B1 才华
- B2 机遇
- B3 贵人
- B4 恩师

C 团队类型与资源整合

- C1 整合 = 利用；资源整合 = 善用彼此资源实现利益最大
- C2 野牛团队：个人很厉害，但缺乏团队合作的力量。
- C3 螃蟹团队：相互拉扯，形不成合力
- C4 鸿雁团队：有领头雁，相互协助，服从指挥。
- C5 海豚团队：目标一致，利益共享，合理分配。

D 核心资源与边际资源

D1 核心资源指为公司价值创造和竞争优势形成起到关键性作用的人员、核心技术、管理技术、经营绩效、专业诀窍、具有创新精神和影响力的专才等。

D2 边际资源，即边缘资源，区别于核心资源。资源整合主要整合的是边际资源。

E 资源整合观点与关键点

E1 资源整合的观点
- 你的+我的 = 我们的
- 结识新朋友、不忘老朋友，大家都是好朋友。
- 了解是基础、信任是关键、长久是分钱。

E2 资源整合关键点 
- 是否具备资源整合的思维？
- 是否具备资源整合的能力？
- 是否具备资源整合的渠道和平台？

F 整合资源六问

- F1 我的目标是什么？
- F2 达成目标需要哪些资源？
- F3 我已有了哪些资源？
- F4 我还缺哪些资源？
- F5 我缺的资源在谁手上？
- F6 别人凭什么给你？

《如何整合资源？》翻转课堂情景图任务 A

时间TIME： 年 月 日　　2学时

个人姓名：　　　　团队名称：　　　　任务名称：

实到团队成员：

迟到团队成员：

旷课团队成员：　　　　请假团队成员：

任务可团队分工完成，也可个人独立完成；可直接写在任务纸上，也可在自行准备的练习本上完成（注明任务名称）。

情景图任务的参考答案线索和思路都隐含在情景图和任务纸中，请灵活掌握。线索和思路不是标准答案，仅起到参考和抛砖引玉的作用。《授课说明》和课件PPT非学习必备配套，没有亦不影响使用。

个人、团队、企业可能拥有的资源有哪些？

参照《如何整合资源？》情景图A中的A1-A21，完成以下任务：

人脉	资金	技术	产品	项目
渠道	金融	实体	知识	人力
团队	高手	媒体	供应链	客户
 咨询	 培训	 教育	 智慧	 同业

跨界

1、多角度举例阐述并翻转课堂：你和你所在团队、企业拥有的资源有哪些？

2、多角度举例阐述并翻转课堂：你和你所在团队、企业是如何使用拥有的资源的？

核心资源与边际资源 参照《如何整合资源？》情景图D中的D1、D2，完成以下任务并翻转课堂：

	人脉		资金		技术		产品		项目
	渠道		金融		实体		知识		人力
	团队		高手		媒体		供应链		客户
	咨询		培训		教育		智慧		同业

1、多角度举例阐述：什么是核心资源？什么是边际资源？

跨界

2、多角度举例阐述：你和所在团队、企业的核心资源有哪些？边际资源有哪些？计划用哪些资源去做资源整合？

个人成功要素与资源 参照《如何整合资源？》情景图B中的B1-B4，完成以下任务并翻转课堂：

1、多角度举例阐述：在"才华、机遇、贵人、恩师"四个成功要素中，你占了多少个？给你的未来做个基本预期。

2、多角度举例阐述：个人成功要素与资源整合之间有哪些关联性？

学习心得

根据任务的难度和完成的质量、数量、创新性、相关性、匹配程度等，给予具体评分： 90-99、80-89、70-79、60-69、50-59、40-49、30-39、0-29。未做任务者计0分。

《如何整合资源？》翻转课堂情景图任务 B

时间TIME：
年 月 日
2学时

任务可团队分工完成，也可个人独立完成；可直接写在任务纸上，也可在自行准备的练习本上完成（注明任务名称）。

个人姓名：　　　　　团队名称：　　　　　任务名称：

实到团队成员：

迟到团队成员：

旷课团队成员：　　　　　请假团队成员：

情景图任务的参考答案线索和思路都隐含在情景图和任务纸中，请灵活掌握。线索和思路不是标准答案，仅起到参考和抛砖引玉的作用。《授课说明》和课件PPT非学习必备配套，没有亦不影响使用。

团队类型与资源整合　　参照《如何整合资源？》情景图C中的C1-C5，完成以下任务并翻转课堂：

1、多角度举例阐述：什么是整合？什么是资源整合？

野牛团队

螃蟹团队

鸿雁团队

海豚团队

2、多角度举例阐述：你的团队属于哪种类型？有什么主要特点？在资源整合中可以发挥哪些作用？

资源整合观点与关键点   参照《如何整合资源？》情景图E中的E1、E2，完成以下任务并翻转课堂：

1、多角度举例阐述：资源整合有哪些观点？这些观点对你有哪些启发？

2、多角度举例阐述：整合资源有哪些关键点？你和所在团队、企业具备了哪几个关键点？是如何具备的？

整合资源六问   参照《如何整合资源？》情景图E中的E1、E2，完成以下任务并翻转课堂：

1、多角度举例阐述：你和你的团队、企业要达成什么目标？

2、多角度举例阐述：你和你的团队、企业达成目标需要哪些资源？

3、多角度举例阐述：你和你的团队、企业达成目标已经拥有了哪些资源？

4、多角度举例阐述：你和你的团队、企业达成目标还缺哪些资源？

5、多角度举例阐述：你和你的团队、企业达成目标缺的资源在谁那里？

5、多角度举例阐述：你和你的团队、企业达成目标缺的资源别人凭什么给你？

学习心得

根据任务的难度和完成的质量、数量、创新性、相关性、匹配程度等，给予具体评分： 90-99、80-89、70-79、60-69、50-59、40-49、30-39、0-29。未做任务者计0分。

创业金种子挑选与打磨路径图

定位就是在目标客户或目标用户心智中占据一个有利的位置，无论是目标客户或目标用户的痛点、痒点和兴奋点都是在准确定位的基础上，围绕产品（包括服务）而展开，这个过程涉及成本、竞争、传播、交易和收入。

创业金种子外部是金钱形，内部是九宫格局。九宫格中间是生存气孔，另外的八格分别是定位、客户或用户、产品、成本、竞争、传播、交易和收入，分别贯穿《创业综合管理》和《创业经营实战》两本教材的内容和训练全过程。

定位 → 客户/用户 → 产品

收入 ↑　　　　　　　↓ 成本

交易 ← 传播 ← 竞争

《创业综合管理（三）》思维导图树

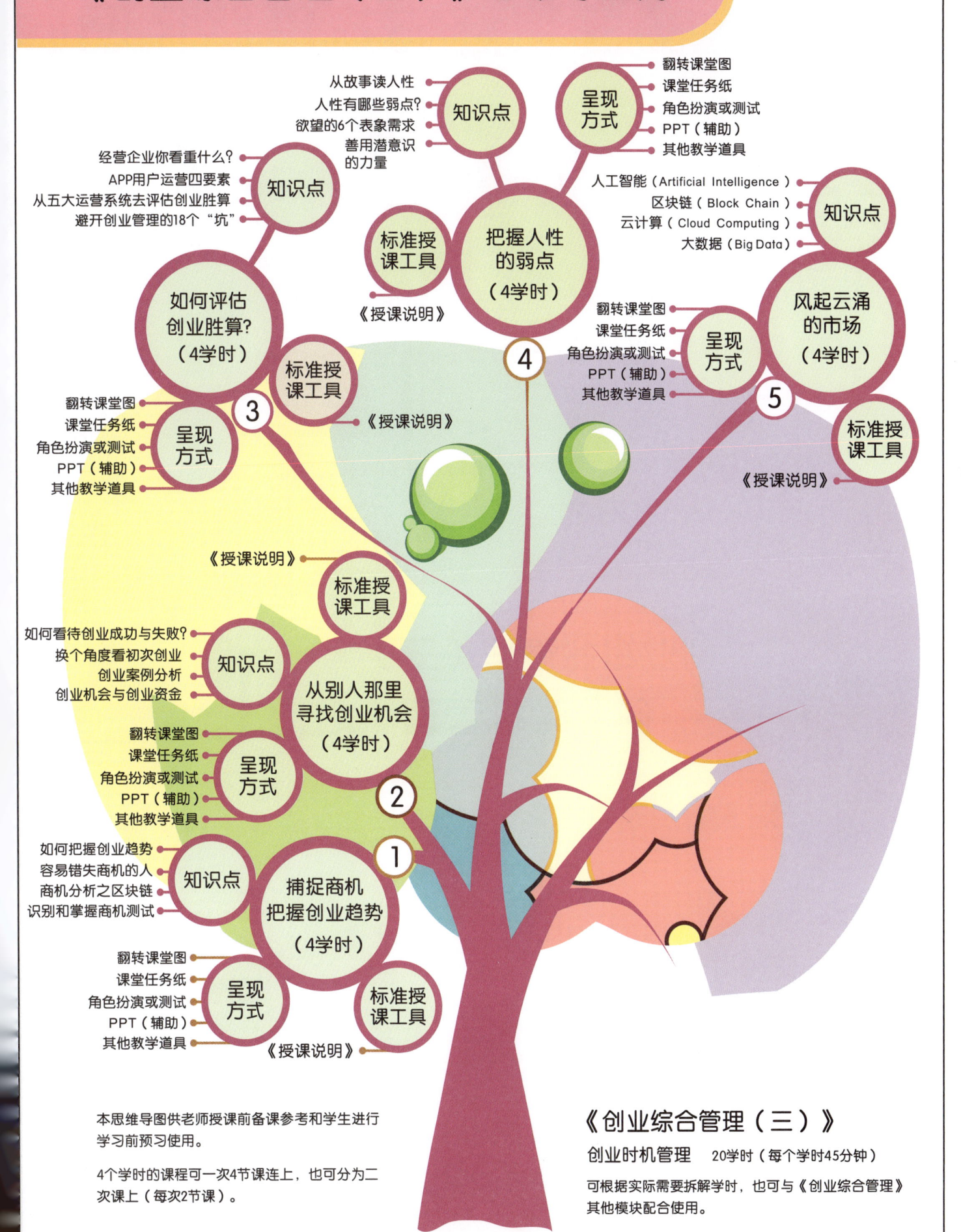

1. 捕捉商机 把握创业趋势（4学时）

知识点
- 如何把握创业趋势
- 容易错失商机的人
- 商机分析之区块链
- 识别和掌握商机测试

呈现方式
- 翻转课堂图
- 课堂任务纸
- 角色扮演或测试
- PPT（辅助）
- 其他教学道具

标准授课工具
- 《授课说明》

2. 从别人那里寻找创业机会（4学时）

知识点
- 如何看待创业成功与失败？
- 换个角度看初次创业
- 创业案例分析
- 创业机会与创业资金

呈现方式
- 翻转课堂图
- 课堂任务纸
- 角色扮演或测试
- PPT（辅助）
- 其他教学道具

标准授课工具
- 《授课说明》

3. 如何评估创业胜算？（4学时）

知识点
- 经营企业你看重什么？
- APP用户运营四要素
- 从五大运营系统去评估创业胜算
- 避开创业管理的18个"坑"

呈现方式
- 翻转课堂图
- 课堂任务纸
- 角色扮演或测试
- PPT（辅助）
- 其他教学道具

标准授课工具
- 《授课说明》

4. 把握人性的弱点（4学时）

知识点
- 从故事读人性
- 人性有哪些弱点？
- 欲望的6个表象需求
- 善用潜意识的力量

呈现方式
- 翻转课堂图
- 课堂任务纸
- 角色扮演或测试
- PPT（辅助）
- 其他教学道具

标准授课工具
- 《授课说明》

5. 风起云涌的市场（4学时）

知识点
- 人工智能（Artificial Intelligence）
- 区块链（Block Chain）
- 云计算（Cloud Computing）
- 大数据（Big Data）

呈现方式
- 翻转课堂图
- 课堂任务纸
- 角色扮演或测试
- PPT（辅助）
- 其他教学道具

标准授课工具
- 《授课说明》

本思维导图供老师授课前备课参考和学生进行学习前预习使用。

4个学时的课程可一次4节课连上，也可分为二次课上（每次2节课）。

《创业综合管理（三）》

创业时机管理　　20学时（每个学时45分钟）

可根据实际需要拆解学时，也可与《创业综合管理》其他模块配合使用。

创业综合管理（三）
创业时机管理 之 1

捕捉商机，把握创业趋势

创业综合管理（三）创业时机管理之 1

捕捉商机，把握创业趋势

·情景式翻转课堂图·

A 评估一下哪些是你能把握的创业趋势

- A1 微信小程序
- A2 直播答题平台 
- A3 区块链3.0时代（不断升级） 
- A4 人工智能应用 
- A5 共享经济版本升级 
- A6 知识付费的内容创业 
- A7 短视频平台 
- A8 新能源汽车与配套产业 
- A9 二次元经济 ACGNC 
- A10 新零售
- A11 5G商用 

B 容易错失商机的几种人

- B1 留了太多退路的人
- B2 没有计划和目标的人 
- B3 过于计较付出多少的人 
- B4 对从事的行业缺乏信心的人 
- B5 做事缺乏坚持的人 
- B6 胆小不敢挑战的人 
- B7 怕吃苦受累的人 
- B8 不想改变的人 
- B9 平庸没有特色 

C 行业没有重灾区

- C1 入场时机
- C2 眼光胆识 
- C3 贪婪与恐惧 

D 商机分析之区块链初步认识

D1 区域链（狭义定义）：是一种按照时间顺序，将数据区块以顺序相连的方式组合成的一种链式数据结构，并以密码学方式保证极难篡改和极难伪造的分布式账本。

D2 如网上买米，如果没有第三方担保，你能保证对方寄给你的不是劣质米？

区块链存在的几个问题：
- 数据寡头垄断 如BAT，我们几乎所有数据都在他们手里。
- 难以应用于资产交易 如股票、钞票等必须通过第三方专业权威机构才能完成交换转移。
- 虚假数据 互联网很多数据都是人为设定的，如微博刷评论。
- 信任危机
- 其他问题 由你来发现

区块链的特点：
- D3-1 去中心化
- D3-2 匿名性
- D3-3 自治性
- D3-4 开放性
- D3-5 可拓展性
- D3-6 可追溯性
- D3-7 极难篡改
- D3-8 集体维护
- D3-9 无须许可

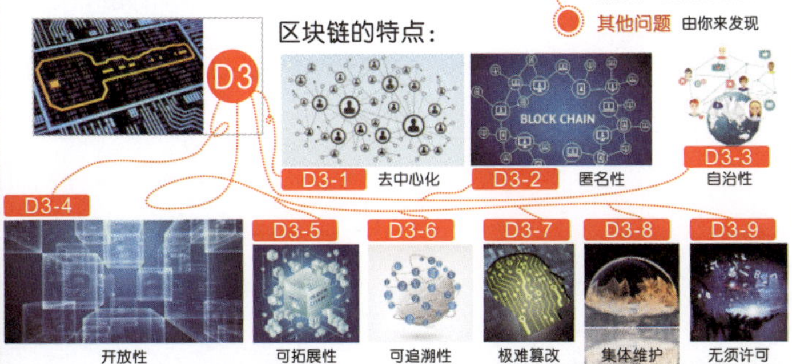

E 商机分析之区块链应用

- E1 区块链+泛金融
- E2 区块链+医疗 
- E3 区块链+物联网 
- E4 区块链+IP版权 
- E5 区块链+文化娱乐 
- E6 区块链+公共服务 
- E7 区块链+教育 

F 个人识别和掌握商机的测试

- F1 创业你首先想到什么？
- F2 你如何看待人脉？
- F3 创业失败了怎么办？
- F4 你如何对待人才？
- F5 创业你最关心什么？
- F6 如何筹措资金？
- F7 遇到难关怎么办？
- F8 运营效率低怎么办？
- F9 如何激励员工？

《捕捉商机，把握创业趋势》翻转课堂情景图任务 A

时间TIME: 年 月 日　　**2学时**

任务可团队分工完成，也可个人独立完成；可直接写在任务纸上，也可在自行准备的练习本上完成（注明任务名称）。

个人姓名：　　　　团队名称：　　　　任务名称：

实到团队成员：

迟到团队成员：

旷课团队成员：　　　　请假团队成员：

情景图任务的参考答案线索和思路都隐含在情景图和任务纸中，请灵活掌握。线索和思路不是标准答案，仅起到参考和抛砖引玉的作用。《授课说明》和课件PPT非学习必备配套，没有亦不影响使用。

评估一下哪些是你能把握的创业趋势

参照《捕捉商机，把握创业机会》情景图A中的A1-A11，完成以下任务并翻转课堂：

微信小程序	 直播答题平台	 区块链3.0时代（不断升级）	 人工智能应用
 共享经济版本升级	 知识付费的内容创业	 短视频平台	 新能源汽车与配套产业
二次元经济	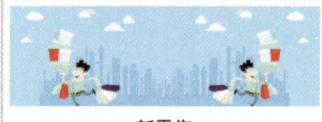 新零售	5G商用	更多……

1、根据个人、团队和企业所长，多角度举例阐述：在以上列举的创业趋势当中，你认为能把握的创业趋势有哪些？为什么？

2、多角度举例阐述：在未来3-5年内，还会有哪些创业趋势或机会？

容易错失商机的几种人

参照《捕捉商机，把握创业机会》情景图B中的B1-B9，完成以下任务并翻转课堂：

留了太多退路的人	 没有计划和目标的人	 过于计较付出多少的人
 对从事的行业缺乏信心的人	 做事缺乏坚持的人	 胆小不敢挑战的人
 怕吃苦受累的人	 不想改变的人	 平庸没有特色

1、根据个人、团队和企业实际情况，识别一下你和你的团队伙伴属于哪一类人？如果你认为没有以上类型，请多角度举例阐述自己最大的缺点是什么？

2、多角度举例阐述：到目前为止，自己所在团队和企业在发现机会和把握机会方面，所做的最失败的事情是什么？

行业没有重灾区

参照《捕捉商机，把握创业机会》情景图C中的C1-C3，完成以下任务并翻转课堂：

- 入场时机
- 眼光胆识 
- 贪婪与恐惧 

1、"再夕阳的行业都有赚钱的，再朝阳的行业也有赔钱的。"请从创业"入场时机"和"眼光胆识"的角度，举例阐述你对这句话的理解。

2、多角度举例阐述：创业如何处理好贪婪和恐惧之间的关系？

学习心得

根据任务的难度和完成的质量、数量、创新性、相关性、匹配程度等，给予具体评分： 90-99、80-89、70-79、60-69、50-59、40-49、30-39、0-29。未做任务者计0分。

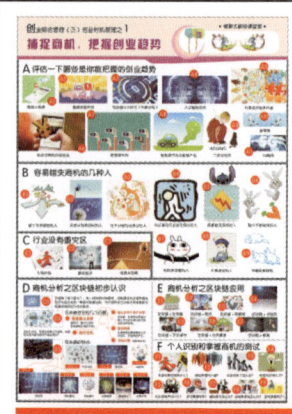

任务可团队分工完成，也可个人独立完成；可直接写在任务纸上，也可在自行准备的练习本上完成（注明任务名称）。

《捕捉商机，把握创业趋势》翻转课堂情景图任务 B

时间TIME: 年 月 日

2学时

个人姓名： 团队名称： 任务名称：

实到团队成员：

迟到团队成员：

旷课团队成员： 请假团队成员：

情景图任务的参考答案线索和思路都隐含在情景图和任务纸中，请灵活掌握。线索和思路不是标准答案，仅起到参考和抛砖引玉的作用。《授课说明》和课件PPT非学习必备配套，没有亦不影响使用。

商机分析之区块链初步认识
参照《捕捉商机，把握创业机会》情景图D中的D1-D3，完成以下任务并翻转课堂：

1、什么是区块链？你以前初步了解过区块链吗？从什么渠道了解的？

2、多角度举例阐述：区块链有哪些特点？

3、多角度举例阐述：区块链存在哪些问题？

商机分析之区块链应用

参照《捕捉商机，把握创业机会》情景图E中的E1-E7，完成以下任务并翻转课堂：

区块链+泛金融	区块链+医疗	区块链+物联网	区块链+教育
区块链+IP版权	区块链+文化娱乐	区块链+公共服务	

1、根据个人、团队和企业实际情况，你认为最有可能切入的区块链+是哪一个？如何切入？

2、多角度举例阐述：区块链+还可以有哪些应用？

个人识别和掌握商机的测试

参照《捕捉商机，把握创业机会》情景图F中的F1-F9，完成以下任务并翻转课堂：

在以下每行中，选择一个正方形空框打"√"，全部选择完后，进行自我评估或团队相互评估"掌握商机"的成功概率有多大？

1、创业你首先想到什么？	1-1 用户、痛点、产品、模式	1-2 风口、投资、短期资金回流
2、你如何看待人脉？	2-1 知己二三足够，余下的都是生意伙伴	2-2 人脉决定未来
3、创业失败了怎么办？	3-1 从头再来！	3-2 创业太难了，我还是回去打工吧
4、你如何对待人才？	4-1 人才难得，花多大代价也要留住他	4-2 就只忙这点事，我给的工资已经很高了
5、创业你最关心什么？	5-1 用户增长量、用户反馈	5-2 收入数字、日常支出、盈利情况
6、如何筹措资金？	6-1 如找不到融资，砸锅卖铁也要想办法	6-2 找人投资，自己要投钱就算了
7、遇到难关怎么办？	7-1 团结一心，劲儿往一处使、力向一处发	7-2 什么事都要我做，我要员工来干什么？
8、运营效率低怎么办？	8-1 先摸清楚原因，再领着大家一起干	8-2 这点事情都做不好，要换批人了
9、如何激励员工？	9-1 工资、福利、未来	9-2 奉献、梦想、工资

学习心得

根据任务的难度和完成的质量、数量、创新性、相关性、匹配程度等，给予具体评分： 90-99、80-89、70-79、60-69、50-59、40-49、30-39、0-29。未做任务者计0分。

创业综合管理（三）
创业时机管理 之 2
从别人那里寻找创业机会

创业综合管理（三）创业时机管理之 2
从别人那里寻找创业机会

情景式翻转课堂图 · 没有失败 只有尝试 SUCCESS

A 如何看待创业成功与失败？

- A1 失败就是差一点点成功
- A2 成功就是差一点点失败 
- A3 借用别人撞得头破血流的经验作为自己的经验 
- A4 通过自己撞得头破血流来积累经验 
- A5 成功经验和失败经验哪个更可能发现机会？ 

B 换个角度看初次创业

- B1 先成长，再成功
- B2 先站住，再站高 
- B3 先模仿，再创造 
- B4 初次创业成功率太高未必是好事 
- A6 当失败与你无关，成功也与你无关 

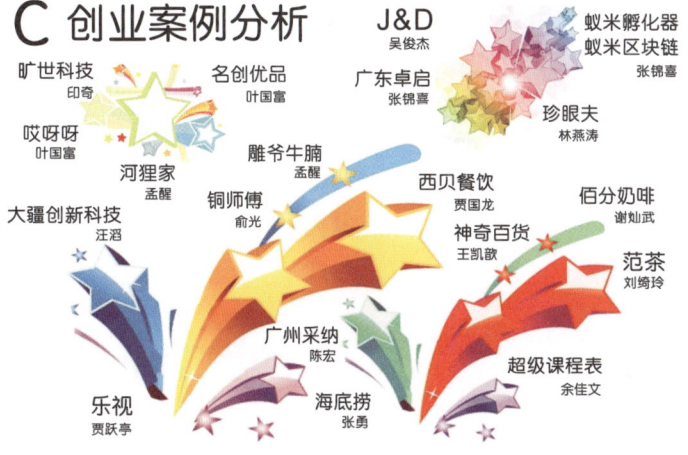

C 创业案例分析

- 旷世科技 印奇
- 名创优品 叶国富
- J&D 吴俊杰
- 蚁米孵化器 蚁米区块链 张锦喜
- 哎呀呀 叶国富
- 广东卓启 张锦喜
- 珍眼夫 林燕涛
- 河狸家 孟醒
- 雕爷牛腩 孟醒
- 大疆创新科技 汪滔
- 铜师傅 俞光
- 西贝餐饮 贾国龙
- 佰分奶啡 谢灿武
- 神奇百货 王凯歆
- 范茶 刘绮玲
- 广州采纳 陈宏
- 超级课程表 余佳文
- 乐视 贾跃亭
- 海底捞 张勇

D 创业机会与创业资金

- D1 企业的生死命脉是什么？
- D2 一家公司成功，不一定是因为资金；但如果失败了，99%都是资金出了问题。 
- D3 企业可以亏钱，也可以负债经营，但账面上必须有钱维持正常的运营。 

E 从别人创业失败的原因中去寻找创业机会

- F1 无市场需求 42%
- F2 资金耗尽 29% 
- F3 团队无战力 23% 
- F4 竞争疲软 19% 
- F5 成本与价格问题 18% 
- F6 没有拳头产品 17% 
- F7 没有商业模式 17% 
- F8 市场太小 14% 
- F9 忽略顾客 14% 
- F10 产品过时 13% 
- F11 产品聚焦 13% 
- F12 与投资人不和 13% 
- F13 转型不当 10% 
- F14 选址错误 10% 
- F15 难以融资 10% 
- F16 触犯法律 10% 
- F17 整合不到资源 8% 
- F18 难以突破瓶颈 8% 
- F19 丧失斗志 7%

| 任务可团队分工完成，也可个人独立完成；可直接写在任务纸上，也可在自行准备的练习本上完成（注明任务名称）。 | **《从别人那里寻找创业机会》** 翻转课堂情景图任务 **A** | 时间TIME:
年 月 日
2学时 |

个人姓名： 　　　　　团队名称： 　　　　　任务名称：

实到团队成员：

迟到团队成员：

旷课团队成员： 　　　　　请假团队成员：

> 情景图任务的参考答案线索和思路都隐含在情景图和任务纸中，请灵活掌握。线索和思路不是标准答案，仅起到参考和抛砖引玉的作用。《授课说明》和课件 PPT 非学习必备配套，没有亦不影响使用。

如何看待创业成功与失败？

参照《从别人那里寻找创业机会》情景图A中的A1-A5，完成以下任务并翻转课堂：

| 失败就是差一点点成功 | 成功就是差一点点失败 | 借用别人撞得头破血流的经验作为自己的经验 |
| 通过自己撞得头破血流来积累经验 | 成功经验传播的过程中往往容易扭曲变形
失败的经验可能更具借鉴性 | 当失败与你无关，成功也与你无关 |

1、根据个人、团队和企业的经历，在以上6个观点中选1-2个进行多角度举例阐述：你是如何看待创业成功和失败的？

2、多角度举例阐述：是从别人的失败中还是从别人的成功中更容易发现创业机会？为什么？

创业案例分析

参照《从别人那里寻找创业机会》情景图C，完成以下任务并翻转课堂：

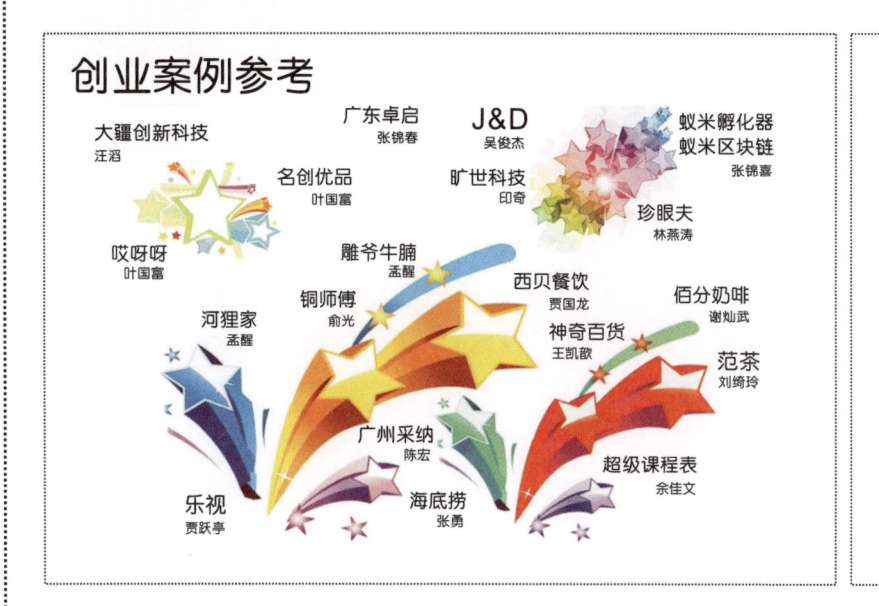

创业案例参考

- 大疆创新科技 汪滔
- 广东卓启 张锦春
- J&D 吴俊杰
- 蚁米孵化器 蚁米区块链 张锦喜
- 哎呀呀 叶国富
- 名创优品 叶国富
- 旷世科技 印奇
- 珍眼夫 林燕涛
- 河狸家 孟醒
- 雕爷牛腩 孟醒
- 铜师傅 俞光
- 西贝餐饮 贾国龙
- 佰分奶啡 谢灿武
- 神奇百货 王凯歆
- 范茶 刘绮玲
- 乐视 贾跃亭
- 广州采纳 陈宏
- 海底捞 张勇
- 超级课程表 余佳文

你推荐的案例：

1、在上图参考创业案例中，你知道和熟悉的案例有哪些？写下来。如果有要推荐的案例，写在右上框的"你推荐的案例"中。

2、写下一个你熟悉的创业案例，你认为是成功的还是失败的？写下你的分析，从中你能发现什么创业机会？

学习心得

根据任务的难度和完成的质量、数量、创新性、相关性、匹配程度等，给予具体评分： 90-99、80-89、70-79、60-69、50-59、40-49、30-39、0-29。未做任务者计0分。

《从别人那里寻找创业机会》翻转课堂情景图任务 **B**

时间TIME: 年 月 日

2学时

任务可团队分工完成，也可个人独立完成；可直接写在任务纸上，也可在自行准备的练习本上完成（注明任务名称）。

个人姓名： 团队名称： 任务名称：

实到团队成员：

迟到团队成员：

旷课团队成员： 请假团队成员：

情景图任务的参考答案线索和思路都隐含在情景图和任务纸中，请灵活掌握。线索和思路不是标准答案，仅起到参考和抛砖引玉的作用。《授课说明》和课件PPT非学习必备配套，没有亦不影响使用。

换个角度看初次创业

参照《从别人那里寻找创业机会》情景图B中的B1-B4，完成以下任务并翻转课堂：

| 先成长，再成功 | 先站住，再站高 | 先模仿，再创造 | 初次创业成功率太高，未必是好事 |

1、从以上四个角度看初次创业，你最认同的是哪个观点？为什么？

2、从以上四个角度看初次创业，选一个角度，阐述一个自己或别人初次创业的经历。

创业机会与创业资金

参照《从别人那里寻找创业机会》情景图D中的D1-D3，完成以下任务并翻转课堂：

1、多角度举例阐述：企业的生死命脉是什么？

2、"企业可以亏钱，也可以负债经营，但账面上必须有钱维持正常的运营。"多角度举例阐述：你对这句话如何理解？

从别人创业失败的原因中去寻找创业机会

参照《从别人那里寻找创业机会》情景图E中的E1-E19，完成以下任务：

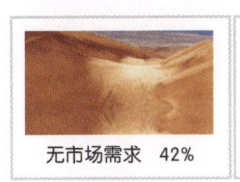

无市场需求 42%	 资金耗尽 29%	 团队无战力 23%	 竞争疲软 19%	 成本与价格问题 18%	 没有拳头产品 17%
 没有商业模式 17%	 市场太小 14%	 忽略顾客 14%	 产品过时 13%	 产品聚焦 13%	 与投资人不和 13%
 转型不当 10%	 选址错误 10%	 难以融资 10%	 触犯法律 10%	 整合不到资源 8%	难以突破瓶颈 8%

丧失斗志 7%

1、在上图商业失败的原因中，按你认为的比重顺序再排一次，并多角度举例阐述为什么这么排？

2、多角度举例阐述：在上图商业失败的原因中，你发现了哪些创业机会？如何抓住这些机会？

学习心得

根据任务的难度和完成的质量、数量、创新性、相关性、匹配程度等，给予具体评分： 90-99、80-89、70-79、60-69、50-59、40-49、30-39、0-29。未做任务者计0分。

创业综合管理（三）
创业时机管理 之 3
如何评估创业胜算？

创业综合管理（三）创业时机管理之 3
如何评估创业胜算？

情景式翻转课堂图

A 经营企业你看重什么？

A1 顾客价值
顾客价值是一种以顾客为中心的思维方式。顾客的需求和偏好是什么？我们用什么方式来满足这些需求和偏好？最适合这种方式的产品和服务是什么？

顾客和企业共同创造企业的价值。

A2 经营成本
企业经营追求的是有竞争力的合理成本，而不是追求最低成本。很多优秀企业的成本优势，有的源于企业的时间效率和管理效率，有的是源于发挥员工的智慧。企业成本的流程成本和沉没成本常没有引起初创型企业的重视，具有竞争力的成本第一个来源就是产品与服务要符合顾客的期望。

A3 规模效应 
规模的本质是竞争，而不是顾客。在企业经营上，有三个评判标准：顾客满意度、员工满意度和现金流。规模必须是有效的，而不是最大的。企业追求规模是为了有效地获得成本优势和市场影响力，而不是规模本身。

A4 企业盈利
盈利是企业的根本，如果一个企业的源头是没钱的，尾部是花钱的，那个企业经营是不可持续的。

企业既要承担起社会期望的价值，又要具有人性关怀的盈利。企业赚钱的目的，需要解决与顾客的关系、与企业发展的关系。

B APP用户运营四要素

- **B1** 拉新
- **B2** 留存 
- **B3** 促活 
- **B4** 转化（营收） 

C 从五大运营系统去评估创业胜算

C1 1号系统：团队
一个团队层次有多高取决于团队的短板，一个团队的前途有多远，取决于团队的领路人。
0 1 2 3 4 5 6 7 8 9 10 11 12 13 14 15 16 17 18 19 20

C2 2号系统：资金
企业运营过程中，资金的流转、应用、收入，都跟公司的发展、管理、存亡息息相关。要善于发挥无形资本（时间、精力、抱负、思考）和辅助有形资本（资金、人力、原料、社会关系）的作用。
0 1 2 3 4 5 6 7 8 9 10 11 12 13 14 15 16 17 18 19 20

C3 3号系统：渠道
在企业运营中，特别是在制订企业策略的时候，都要研究渠道，既要考虑买的人，也要考虑卖的人。在运营企业渠道系统时，必须细分目标渠道，并确保渠道的稳定、通畅和效率。
0 1 2 3 4 5 6 7 8 9 10 11 12 13 14 15 16 17 18 19 20

C4 4号系统：产品
产品运营系统，靠的不单是技术上的创新，还要综合包装、品牌、价格、市场的相互作用，在完整的统筹下发展并完善，使产品系统的运营得心应手。
0 1 2 3 4 5 6 7 8 9 10 11 12 13 14 15 16 17 18 19 20

C5 5号系统：计划
凡是运营必须有计划，凡是计划必须有结果，凡是结果必须有责任，凡是责任必须有检查，凡是检查必须有奖罚。你不主动去计划，就会被变化。
0 1 2 3 4 5 6 7 8 9 10 11 12 13 14 15 16 17 18 19 20

D 波士顿矩阵

以下矩阵坐标轴的两个变量分别是业务单元所在市场的增长程度和所占据的市场份额。每个象限中的企业处于根本不同的现金流位置，并且应用不同的方式加以管理，这样就引申出企业应如何寻求其总体业务组合的思考。

纵轴：市场增长率（低—高）
横轴：相对市场份额（低—高）

- **D1** 问题产品
- **D2** 明星产品
- **D3** 瘦狗产品
- **D4** 金牛产品

E 避开创业管理的18个"坑"

- **E1** 目标不现实
- **E2** 战略不清晰
- **E3** 组织不健全
- **E4** 结构不合理
- **E5** 职能不清晰
- **E6** 责任不明确
- **E7** 人员不到位
- **E8** 薪酬不给力
- **E9** 奖罚不对称
- **E10** 轻重分不清
- **E11** 制度不重视
- **E12** 流程难执行
- **E13** 检查不到位
- **E14** 标准不统一
- **E15** 相互不合作
- **E16** 文化不务实
- **E17** 培训跟不上
- **E18** 考核不给力

| 任务可团队分工完成，也可个人独立完成；可直接写在任务纸上，也可在自行准备的练习本上完成（注明任务名称）。 | **《如何评估创业胜算?》翻转课堂情景图任务 A** | 时间TIME:
年 月 日
2学时 |

个人姓名： 　　　　　团队名称： 　　　　　任务名称：

实到团队成员：

迟到团队成员：

旷课团队成员： 　　　　　　　　　请假团队成员：

> 情景图任务的参考答案线索和思路都隐含在情景图和任务纸中，请灵活掌握。线索和思路不是标准答案，仅起到参考和抛砖引玉的作用。《授课说明》和课件PPT非学习必备配套，没有亦不影响使用。

经营企业你看重什么？

参照《如何评估创业胜算?》情景图A中的A1-A4，完成以下任务并翻转课堂：

| 顾客价值 | 经营成本 | 规模效应 | 企业盈利 |

1、根据个人、团队和企业的经历，在以上4个经营要素中，你最看重哪一个？为什么？

2、多角度举例阐述：你是如何看待企业经营的？你如何经营现在的项目？

APP用户运营四要素

参照《如何评估创业胜算?》情景图B中的B1-B4，完成以下任务并翻转课堂：

| 拉 新 | 留 存 | 促 活 | 转化（营收） |

1、多角度举例阐述：你开发了一个APP，如何拉新？

2、多角度举例阐述：你开发了一个APP，如何留存？

3、多角度举例阐述：你开发了一个APP，如何促活？

4、多角度举例阐述：你开发了一个APP，如何将用户转换为营业收入？

波士顿矩阵

参照《如何评估创业胜算?》情景图D中的D1-D4，完成以下任务并翻转课堂：

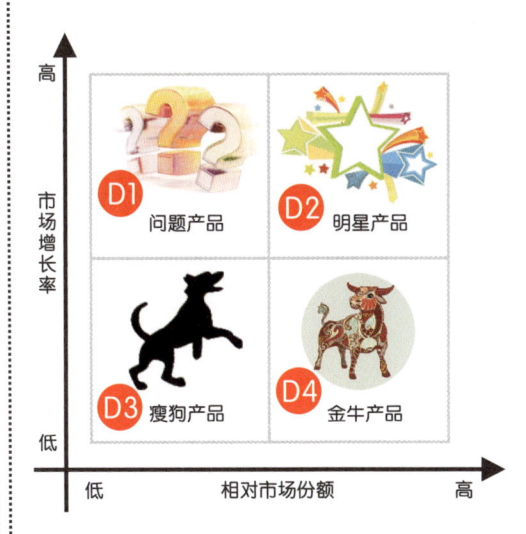

市场增长率（高/低）— 相对市场份额（低/高）

- D1 问题产品
- D2 明星产品
- D3 瘦狗产品
- D4 金牛产品

1、多角度举例阐述：你所在的团队或企业在问题产品、明星产品、瘦狗产品、金牛产品等四类产品中，比例各占多少？（注：如没有，就写0）

2、多角度举例阐述：你所在的团队或企业如果问题产品、明星产品、瘦狗产品、金牛产品等四类产品都有，如何按比例进行产品组合？为什么？

以上矩阵坐标轴的两个变量分别是业务单元所在市场的增长程度和所占据的市场份额。每个象限中的企业处于根本不同的现金流位置，并且应用不同的方式加以管理，这样就引申出企业应如何寻求其总体业务组合的思考。

学习心得

根据任务的难度和完成的质量、数量、创新性、相关性、匹配程度等，给予具体评分： 90-99、80-89、70-79、60-69、50-59、40-49、30-39、0-29。未做任务者计0分。

《如何评估创业胜算?》翻转课堂情景图任务 B

时间TIME: 年 月 日

2学时

个人姓名： 团队名称： 任务名称：

实到团队成员：

迟到团队成员：

旷课团队成员： 请假团队成员：

任务可团队分工完成，也可个人独立完成；可直接写在任务纸上，也可在自行准备的练习本上完成（注明任务名称）。

情景图任务的参考答案线索和思路都隐含在情景图和任务纸中，请灵活掌握。线索和思路不是标准答案，仅起到参考和抛砖引玉的作用。《授课说明》和课件PPT非学习必备配套，没有亦不影响使用。

从五大运营系统去评估创业胜算

参照《如何评估创业胜算?》情景图C中的C1-C5，完成以下任务并翻转课堂：

1、多角度举例阐述：你对所在团队或企业的"团队"评价如何？并在右下角勾选一个评分。

1号系统：团队

0 1 2 3 4 5 6 7 8 9 10 11 12 13 14 15 16 17 18 19 20

2、多角度举例阐述：你对所在团队或企业的"资金"评价如何？并在右下角勾选一个评分。

2号系统：资金

0 1 2 3 4 5 6 7 8 9 10 11 12 13 14 15 16 17 18 19 20

3、多角度举例阐述：你对所在团队或企业的"渠道"评价如何？并在右下角勾选一个评分。

3号系统：渠道

0 1 2 3 4 5 6 7 8 9 10 11 12 13 14 15 16 17 18 19 20

4、多角度举例阐述：你对所在团队或企业的"产品"评价如何？并在右下角勾选一个评分。

4号系统：产品

0 1 2 3 4 5 6 7 8 9 10 11 12 13 14 15 16 17 18 19 20

5、多角度举例阐述：你对所在团队或企业的"计划"评价如何？并在右下角勾选一个评分。

5号系统：计划

0 1 2 3 4 5 6 7 8 9 10 11 12 13 14 15 16 17 18 19 20

创业胜算评分 将以上5项的单分累加，再减去30分（因为有很多不确定因素难以控制）就是创业胜算评分。将创业胜算评分除以100可以得出胜算率。

避开创业管理的18个"坑"

参照《如何评估创业胜算?》情景图E中的E1-E18，完成以下任务并翻转课堂：

（情景图中的18个"坑"：目标不现实、战略不清晰、组织不健全、结构不合理、职能不清晰、薪酬不给力、责任不明确、人员不到位、检查不到位、奖罚不对称、轻重分不清、流程难执行、标准不统一、制度不重视、文化不务实、考核不给力、培训跟不上、相互不合作）

创业要成功既要把握运营的时机

又要善于避免管理的坑

如果你真的发现天上掉馅饼

地上一定有个陷阱在等着你

1、根据个人、团队和企业情况，评估一下你在创业管理方面挖了哪些"坑"？是什么原因造成的？

2、根据个人、团队和企业情况，多角度举例阐述：创业管理方面最大的"坑"是什么？为什么？

3、根据个人、团队和企业情况，多角度举例阐述：创业管理方面最容易掉进去的"坑"是什么？可以避免吗？如何避免？

学习心得

根据任务的难度和完成的质量、数量、创新性、相关性、匹配程度等，给予具体评分： 90-99、80-89、70-79、60-69、50-59、40-49、30-39、0-29。未做任务者计0分。

创业综合管理（三）
创业时机管理 之 4
把握人性的弱点

创业综合管理（三）创业时机管理之 4
把握人性的弱点

• 情景式翻转课堂图 •

A 从故事读人性

故事一 七个铃铛酒店

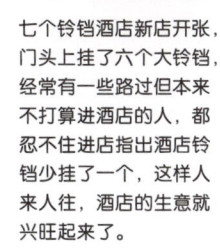

A1 七个铃铛酒店新店开张，门头上挂了六个大铃铛，经常有一些路过但本来不打算进酒店的人，都忍不住进店指出酒店铃铛少挂了一个，这样人来人往，酒店的生意就兴旺起来了。

故事二 两则寻伞广告

A2

广告一：上星期六下午于山第街广场遗失彩色大绸油伞一把，如有爱心人士拾得，烦请送至萝卜街七号，有酬谢。

广告二：上星期六下午有人曾见某人从山第街广场取走雨伞一把，请取伞者将伞送回萝卜街七号为安。此人为谁，有摄像头录像为证。

故事三 饭店的生意

A3 饭店老板的父亲不赞成自己的儿子开饭店，却主动要求到饭店去管店，每次上菜上饭时都故意给客人多盛一些，期望饭店即日关门，不想饭店生意越来越红火。老板的父亲看到生意很好，就支持儿子开饭店了，为了帮儿子多赚一些，每次上菜上饭时都故意给客人少盛一些，期望饭店越赚越多，不想饭店生意越来越差，最后关门倒闭了。

B 人性有哪些弱点？

- B1 贪婪
- B2 恐惧
- B3 嫉妒（嫉妒到扭曲） 
- B4 懒惰 
- B5 好色
- B6 迷信
- B7 虚荣 

C 移动"互联网+"项目洞察先机背后的原因是什么？

C1 在移动互联网时代流量越来越碎片化 ➡ C2 场景变得非常短促 ➡ C3 每一次点击，每一次互动，每一次流量停留的背后，都会有一个行为动机。 ➡ C4 动机背后的目标是什么呢？就是满足欲望

D 欲望的6个表象需求

D1 炫耀
社交比商业重要，隐私让位于炫耀

D2 窥视
窥视源自人们对未知事情本能的一种好奇心，是产生动机之前的模糊价值判断，窥探不是无底线的事情。

D3 被爱被关注
被爱被关注是一个很被动的行为，要从用户自我意识出发的，让用户主动地去寻求关注和爱，所以你需要向更多的人表达"我是谁"这样一个诉求。

D4 趣味和娱乐
通过娱乐环节，用于缓解，甚至暂时忘记我们生存中的紧张压力。

D5 贪婪
爱占小便宜，提前享受，都是我们人性中贪婪的表现。各种各样的抽奖、优惠、博彩，都是在利用人性的贪婪。

D6 感官享受
商业活动呈现出来的感官体验的作用非常大，影响到商业活动的整体效果。

E 善用潜意识的力量

E1 谎言和恐惧
谎言和恐惧是每个人身上普遍存在的常态，很多人都不需要表现出来，甚至力图去掩盖，这些隐性的东西常常就能够成为我们渗透用户心智的一些非常好的方法。所有人都会有自己害怕的东西，在这个害怕的东西之下，一定会有隐藏的谎言。

E2 叛逆情绪
再文静的人也有狂野的一面，再可悍的人也有温柔的一面，叛逆情绪是在相对认知和价值观稳定的情况下，一种短暂存在的即时情绪。循规蹈矩的时候，我们总有希望有可能疯狂一把。大众对于商品和服务的感觉通常是中庸的、死板的，如果发现产品跟你开玩笑，或者一反常态地跟你理论的时候，你说不定会觉得非常可爱。

E3 想象力空间
很多的活动和预热都需要抛出这样或者那样的悬念。一、二个热点足以让人们做话题谈论很长一段时间，大家对这种比较隐晦的内容、符号、文字、图片都具备非常强的解读能力，望文生义是最好的解读。

《把握人性的弱点》翻转课堂情景图任务 A

时间TIME：
年 月 日

2学时

任务可团队分工完成，也可个人独立完成；可直接写在任务纸上，也可在自行准备的练习本上完成（注明任务名称）。

个人姓名：　　　　　　　团队名称：　　　　　　　任务名称：

实到团队成员：

迟到团队成员：

旷课团队成员：　　　　　　　　　　　　请假团队成员：

情景图任务的参考答案线索和思路都隐含在情景图和任务纸中，请灵活掌握。线索和思路不是标准答案，仅起到参考和抛砖引玉的作用。《授课说明》和课件PPT非学习必备配套，没有亦不影响使用。

从故事读人性　　参照《把握人性的弱点》情景图A中的A1-A3，完成以下任务并翻转课堂：

1、根据"七个铃铛酒店"的故事，多角度举例阐述：这个故事从哪个角度展示人性？你将如何利用这个人性特点去推广项目和产品？

2、根据"两则广告"的故事，多角度举例阐述：第一则广告打出去后会有什么结果？第二则广告打出去后会有什么结果？分别揭示了什么人性？你将如何利用这类人性特点去推广项目和产品？

两则寻伞广告

3、根据"饭店的生意"故事，多角度举例阐述：为什么父亲的拆台心态带来了生意兴隆，而建台的心态却造成了门店的关门？你将如何利用这类人性特点去推广项目和产品，从而产生积极的、正面的效果？

饭店的生意

人性有哪些弱点？

参照《把握人性的弱点》情景图B中的B1-B7，完成以下任务并翻转课堂：

贪婪

1、多角度举例阐述：如何利用人性弱点的"贪婪"设计一款具体的产品？

恐惧

2、多角度举例阐述：如何利用人性弱点的"恐惧"设计一款具体的产品？

嫉妒

3、多角度举例阐述：如何利用人性弱点的"嫉妒"设计一款具体的产品？

懒惰

3、多角度举例阐述：如何利用人性的"懒惰"设计一款具体的产品？

好色

4、多角度举例阐述：如何利用人性弱点的"好色"设计一款具体的产品？

迷信

5、多角度举例阐述：如何利用人性弱点的"迷信"设计一款具体的产品？

虚荣

6、多角度举例阐述：如何利用人性弱点的"虚荣"设计一款具体的产品？

学习心得

根据任务的难度和完成的质量、数量、创新性、相关性、匹配程度等，给予具体评分： 90-99、80-89、70-79、60-69、50-59、40-49、30-39、0-29。未做任务者计0分。

《把握人性的弱点》翻转课堂情景图任务 B

时间TIME：
年　月　日

2学时

任务可团队分工完成，也可个人独立完成；可直接写在任务纸上，也可在自行准备的练习本上完成（注明任务名称）。

个人姓名：　　　　　　团队名称：　　　　　　任务名称：

实到团队成员：

迟到团队成员：

旷课团队成员：　　　　　　请假团队成员：

情景图任务的参考答案线索和思路都隐含在情景图和任务纸中，请灵活掌握。线索和思路不是标准答案，仅起到参考和抛砖引玉的作用。《授课说明》和课件PPT非学习必备配套，没有亦不影响使用。

移动"互联网+"项目洞察先机背后的原因是什么？

参照《把握人性的弱点》情景图C中的C1-C4，完成以下任务并翻转课堂：

1、根据以下四幅图，多角度举例描述：移动"互联网+"项目是如何洞察先机的？

2、多角度举例阐述：你现在的项目和产品与互联网有哪些具体的关联？

善用潜意识的力量

参照《把握人性的弱点》情景图E中的E1-E3，完成以下任务并翻转课堂：

1、多角度举例阐述：如何利用"谎言与恐惧"的潜意识设计一款具体的产品？

谎言和恐惧

2、多角度举例阐述：如何利用"叛逆情结"的潜意识设计一款具体的产品？

叛逆情绪

3、多角度举例阐述：如何利用"想象力空间"的潜意识设计一款具体的产品？

想象力空间

欲望的6个表象需求

参照《把握人性的弱点》情景图D中的D1-D6，完成以下任务并翻转课堂：

1、多角度举例阐述：如何利用欲望表象需求之"炫耀"设计一款具体的产品？

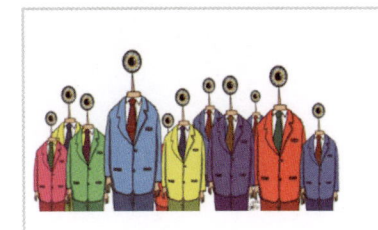

炫耀

2、多角度举例阐述：如何利用欲望表象需求之"窥视"设计一款具体的产品？

窥视

3、多角度举例阐述：如何利用欲望表象需求之"被爱被关注"设计一款具体的产品？

被爱被关注

4、多角度举例阐述：如何利用欲望表象需求之"趣味和娱乐"设计一款具体的产品？

趣味和娱乐

5、多角度举例阐述：如何利用欲望表象需求之"爱占便宜、提前享受"设计一款具体的产品？

贪婪
（爱占便宜）
（提前享受）

6、多角度举例阐述：如何利用欲望表象需求之"感官享受"设计一款具体的产品？

感官享受

学习心得

根据任务的难度和完成的质量、数量、创新性、相关性、匹配程度等，给予具体评分： 90-99、80-89、70-79、60-69、50-59、40-49、30-39、0-29。未做任务者计0分。

创业综合管理（三）
创业时机管理 之 5
风起云涌的市场

风起云涌的市场

创业综合管理（三）创业时机管理之 5

情景式翻转课堂图

A 人工智能（Artificial Intelligence）

人工智能，英文缩写为AI，它是研究、开发用于模拟、延伸和扩展人的智能的理论、方法、技术及应用系统的一门新的技术科学。人工智能不是人的智能，但能像人那样思考，也可能超过人的智能。

A1 智能大爆发的时代已悄然降临
但99%的人看不见，0.9%的人看不起，只有0.09%的人看懂了，0.01%的人在行动。

A2 机器人
A3 语言识别 
A4 图像识别 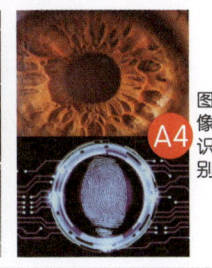
A5 自然语言处理 
自然语言处理是一门融语言学、计算机学和数学于一体的科学，实现人类用自然语言与计算机进行通信、交流和应用。
A6 专家系统 
专家系统是对特定领域的特定难题用专家级水平去解决的智能计算机程序，一般由知识库、数据库、推理机、解释器、知识获取五个部分组成，是人工智能的重要分支之一。

B 区块链（Block Chain）

B1 区块链是信息革命的拐点
区块链是互联网的第二个时代
区块链的价值是互联网的十倍
区块链是制造信任的机器……

B2 区块链6层模型
激励层 — 发行和分配机制
合约层 — 脚本、算法、智能合约
共识层 — 共识机制/算法（Pow, Pos, Dpos等）
网络层 — 分布式
数据层 — 区块数据、非对称加密、时间戳
应用层 — 应用场景
核心层

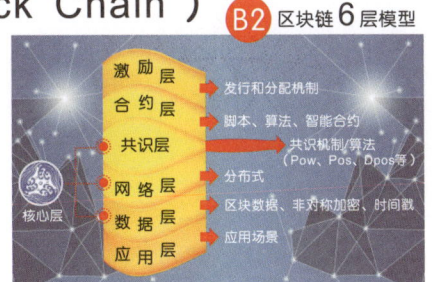

B3 区块链发展阶段
区块链3.0阶段：大规模应用阶段 
随着区块链技术的成熟，一些平台型项目将成为现实世界与区块链世界的连接器，并能接入其他区块链系统，形成通用的区块链技术平台并能支持大规模的交易处理要求，基于这些成熟的区块链系统，将会出现更多的区块链应用，区块链技术将真正走入现实生活中。
区块链2.0阶段：区块链底层技术发展阶段
基于由ETH、NEO和QTUM开发了诸多应用，但很多应用也仅是通过这些平台发币而已，离真正的应用尚有距离。
区块链1.0阶段：区块链概念形成阶段
此阶段仅限于发行数字货币等简单的应用，并无多大实际价值。

C 云计算（Cloud Computing）

C1 云计算
云计算是一种按使用量付费的模式，这种模式提供可用的、便捷的、按需的网络访问，进入可配置的计算资源共享池，只需投入很少的管理工作，或与服务供应商进行很少的交互，这些资源能够被快速提供。

C2 按使用付费的资源共享池
C3 云计算是分布式计算、并行计算、效用计算、网络存储、虚拟化、负载均衡、热备份冗余等传统计算机和网络技术发展融合的产物。

网络 　服务器 　存储 　应用软件 　服务

D 大数据（Big Data）

D1 大数据
一种规模大到在获取、存储、管理、分析方面大大超出了传统数据库软件工具能力范围的数据集合，大数据技术的战略意义不在于掌握庞大的数据信息，而在于对这些含有意义的数据进行专业化处理。它必须依托云计算的分布式处理、分布式数据库和云存储、虚拟化技术。

D2 云计算 大数据
大数据分析常和云计算联系到一起，就像硬币的两个面。

D3 大数据的特点与要求
种类：数据有许多不同格式，如结构化数据、半结构化数据、非结构化数据等。
速度：指创建、存储、分析和显示数据的速度。
可变性：指数据含义会（迅速）变化，如在几乎一样的推特消息中，某个词可能有着完全不同的意思。
真实性：真实性指的是企业组织需要确保数据正确，同时要确保能正确分析数据。
复杂性：数据量巨大，来源多渠道。
可视化：让许多数据变得容易理解，形容易图阅读。
价值：大数据意味着大商机，大数据也为企业、社会、消费者创造巨大价值。

E 新零售（New Retail）

E1 什么是新零售？ 
以互联网为依托，通过运用大数据、人工智能等先进技术手段，对商品的生产、流通与销售过程进行升级改造，进而重塑业态结构与生态圈，并对线上服务、线下体验以及现代物流进行深度融合的零售新模式。

E2 以信息技术（大数据、物联网、AI等）为驱动
以消费者体验（满足消费者各种各样需求的购物场景）为核心
人、场、货
线上、线下
人、货、场三要素重构

E3 会员通
E4 商品通 全新商业形态
支付通
线上线下无缝联系：线上订单主动分配就近门店发货，大大降低快递成本，同时消费者体验感知发生大大提高。

F 虚拟现实（Virtual Reality）

F1 VR即虚拟现实技术，它是利用计算机为用户提供一个交互式的可沉浸的身临其境的虚拟三维空间。

F2 多感知性：VR除了具有视觉感知外，还有触觉、运动知觉、味觉、嗅觉等的感知。
F3 交互性：用户在使用VR设备时，可以与之产生互动，获得如同在现实生活中，拆卸机器等同样的感受。 
F4 沉浸性：指VR为用户提供一个逼真的环境，让用户仿佛置身于现实中。

	《风起云涌的市场》	时间TIME:
任务可团队分工完成，也可个人独立完成；可直接写在任务纸上，也可在自行准备的练习本上完成（注明任务名称）。	翻转课堂情景图任务 A	年 月 日
		2学时

个人姓名：　　　　　　团队名称：　　　　　　任务名称：

实到团队成员：

迟到团队成员：

旷课团队成员：　　　　　　　　　　请假团队成员：

情景图任务的参考答案线索和思路都隐含在情景图和任务纸中，请灵活掌握。线索和思路不是标准答案，仅起到参考和抛砖引玉的作用。《授课说明》和课件PPT非学习必备配套，没有亦不影响使用。

人工智能（Artificial Intelligence）

参照《风起云涌的市场》情景图A中的A1-A6，完成以下任务并翻转课堂：

1、"智能大爆发的时代已悄然降临，但99%的人看不见，0.9%的人看不起，只有0.09%的人看懂了，0.01%的人在行动。"结合个人、团队和企业情况，多角度举例阐述：你对这句话是如何理解的？将采取哪些行动？

2、人工智能主要应用在哪些方面？多角度举例阐述：在这些人工智能应用方面，你的团队或企业项目有可能切入的是哪个方面的应用？

区块链（Block Chain）

参照《风起云涌的市场》情景图B中的B1-B3，完成以下任务并翻转课堂：

1、多角度举例阐述：为什么说"区块链是信息革命的拐点"？区块链发展到目前为止经历了哪几个阶段？

2、多角度举例阐述：区块链6层模型构成和核心层构成。

云计算（Cloud Computing）

参照《风起云涌的市场》情景图C中的C1-C3，完成以下任务并翻转课堂：

1、多角度举例阐述：什么是云计算？你所在团队和企业的项目与云计算有什么关联性？

2、多角度举例阐述：在以下需付费的共享资源中，哪些资源是你的团队和企业项目必须使用的？如何使用？

| 网络 | 服务器 | 存储 | 应用软件 | 服务 |

学习心得

根据任务的难度和完成的质量、数量、创新性、相关性、匹配程度等，给予具体评分： 90-99、80-89、70-79、60-69、50-59、40-49、30-39、0-29。未做任务者计0分。

《风起云涌的市场》
翻转课堂情景图任务 B

任务可团队分工完成，也可个人独立完成；可直接写在任务纸上，也可在自行准备的练习本上完成（注明任务名称）。

时间TIME：
年　月　日

2学时

个人姓名：　　　　　　团队名称：　　　　　　　　任务名称：

实到团队成员：

迟到团队成员：

旷课团队成员：　　　　　　　　　请假团队成员：

情景图任务的参考答案线索和思路都隐含在情景图和任务纸中，请灵活掌握。线索和思路不是标准答案，仅起到参考和抛砖引玉的作用。《授课说明》和课件PPT非学习必备配套，没有亦不影响使用。

大数据（Big Data）　　参照《风起云涌的市场》情景图D中的D1-D3，完成以下任务并翻转课堂：

1、多角度举例阐述：什么是大数据？你的团队和企业项目与大数据有哪些关联性？

2、多角度举例阐述：为什么说"大数据分析和云计算就像硬币的两个面"？

3、多角度举例阐述：大数据有哪些特点？在这些特点中，哪些是与你的团队和企业结合最紧密的？为什么？

新零售（New Retail） 参照《风起云涌的市场》情景图E中的E1-E4，完成以下任务并翻转课堂：

1、多角度举例阐述：什么是新零售？有人说"未来的10-20年，传统电商会消失，取而代之的是新零售。"你认同这种观点吗？为什么？

2、多角度举例阐述并画图示意：新零售是如何打造全新的商业形态的？

3、有人说"市场是最坏的老师，没上过课就直接考试。"结合你所在团队和企业的项目，多角度举例阐述：你对这句话是如何理解的？

虚拟现实（Virtual Reality） 参照《风起云涌的市场》情景图F中的F1-F4，完成以下任务并翻转课堂：

1、多角度举例阐述：什么是虚拟现实技术？你的团队和企业项目与虚拟现实技术有哪些关联性？

2、多角度举例阐述：虚拟现实技术有哪几个特点？全息技术和虚拟现实技术有什么区别？你认为虚拟现实技术在什么时候能够大大降低成本，得到普遍应用？

学习心得

根据任务的难度和完成的质量、数量、创新性、相关性、匹配程度等，给予具体评分： 90-99、80-89、70-79、60-69、50-59、40-49、30-39、0-29。未做任务者计0分。

后记

创业型大学在成长

广东岭南职业技术学院创业实训基地之后街

广东岭南职业技术学院于2013年4月与广东卓启投资有限责任公司联合创建了岭南创业管理学院，前瞻性地建立了"学院+公司+基金"三位一体战略，致力于培养实战型创业人才和创新型就业精英。现在，广东岭南职业技术学院正在向建设创业型大学之路上迈进。打造创业型大学有四根支柱支撑：创业教学、创业训练、创业孵化和创业投资。创业教学是建设创业型大学的基础，最大的难点在于如何将理念转换为行动，要做到这一点，需要依托情景式、可视化的翻转课堂特色教材。

广东岭南职业技术学院创业管理学院依托自主开发的情景式、可视化翻转课堂系列创业教材，实现了跨专业训练，广东岭南职业技术学院各二级学院（系）专业的打通和学分互换为创业型大学创业训练式教学打下了坚实的基础。

广东岭南职业技术学院第一期跨专业创业训练过程与部分成果展示

团队研讨　团队分配演练任务　团队协作　第一期导师合影　学生团队在进行项目设计　团队部分成果

跨专业创业训练成果表彰　训练中　第一期跨专业团队和导师大合照　团队项目展示　各团队PK柱状图

三句半：创业型大学在成长

1. 岭南年年新气象
今年特别不一样
创业型大学决策当
树榜样！

2. 孵化器入园评估忙
学生创业项目不重样
创业斗志不可挡
旺旺！

3. 学生创业老师帮
创业导师上战场
师生齐心斗志昂
推市场！

4. 创业孵化在成长
课程改革要跟上
创业训练进课堂
真棒！

5. 可视化教材要推广
情景式课堂多提倡
师生转换翻课堂
争先上！

6. 创业型大学正启航
一体两翼善飞翔
一院一公司在路上
新希望！

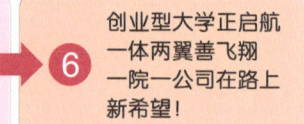

作者致谢

在《创业综合管理》教学实践探索过程中得到广东岭南职业技术学院刘丹青教务长、岭南创业管理学院张锦喜院长、古永平副院长、专业主任王有红老师的指导，以及本书目录前页所列20余名老师的帮助，在此向他们表示衷心感谢！

在《创业综合管理》的撰写和设计过程中得到梁铭津女士、肖自美教授、陈志娟教授、倪作沛先生的关心和支持，在此表示深深感谢！与此同时，对南京大学出版社编辑老师在此书出版过程中的辛勤付出表示衷心的感谢！